中国优秀传统文化视域下的大学生思政教育

崔 铭 著

中国书籍出版社
China Book Press

图书在版编目（CIP）数据

中国优秀传统文化视域下的大学生思政教育 / 崔铭著 . -- 北京：中国书籍出版社，2023.8
ISBN 978-7-5068-9423-4

Ⅰ.①中… Ⅱ.①崔… Ⅲ.①大学生－思想政治教育－研究－中国 Ⅳ.① G641

中国国家版本馆 CIP 数据核字（2023）第 171906 号

中国优秀传统文化视域下的大学生思政教育
崔　铭　著

责任编辑	成晓春
装帧设计	李文文
责任印制	孙马飞　马　芝
出版发行	中国书籍出版社
地　　址	北京市丰台区三路居路 97 号（邮编：100073）
电　　话	（010）52257143（总编室）　（010）52257140（发行部）
电子邮箱	eo@chinabp.com.cn
经　　销	全国新华书店
印　　刷	天津和萱印刷有限公司
开　　本	710 毫米 ×1000 毫米　1/16
字　　数	215 千字
印　　张	12
版　　次	2024 年 1 月第 1 版
印　　次	2024 年 1 月第 1 次印刷
书　　号	ISBN 978-7-5068-9423-4
定　　价	72.00 元

版权所有　翻印必究

前　言

　　中华民族历经千年的历史沉淀，最终流传下来的优秀的、稳定的文化，就是中国优秀传统文化。在发展传承中，中国优秀传统文化与外来文化不断碰撞磨合，对其加以批判、改造、吸收和创新，凝练出中华民族昂扬向上的精神力量，这是中华民族欣欣向荣、立足于世界之林的文化源泉。党的十九大报告中明确提出，要深度挖掘中国优秀传统文化中的思想观念、人文精神、道德规范，结合时代特征进行创新性发展。中国优秀传统文化所蕴含的价值基因和精神追求能够超越时空的限制，为思想政治教育的理论探索和实践工作创造丰富的育人资源和良好的发展机遇。中国优秀传统文化与大学生思想政治教育的融合有利于增强文化自觉和树立文化自信，有利于提升思想政治教育工作的凝聚力和实效性，有利于大学生养成优良品格和道德素养。

　　本书共五章。第一章为中国传统文化概述，主要从何谓文化、中国传统文化内涵、儒道文化的研究及发展等方面展开论述。第二章为大学生思政教育概述，主要从大学生思想政治教育的特征和形势、大学生思想政治课程的建设分析、大学生思想政治教育的内容和目标、大学生思想政治教育的重要性等方面出发讨论。第三章为中国传统文化与高校思政教育的关系，主要对中国传统文化的思政教育价值、中国传统文化与思政教育的契合性、中国传统文化发展对思政教育的影响进行分析。第四章为中国优秀传统文化与高校思政教育的融合，主要从中国优秀传统文化融入高校思政教育的现状、中国优秀传统文化融入高校思政教育的可行性、中国优秀传统文化融入高校思政教育的意义、中国优秀传统文化融入高校思政教育的途径这四方面展开。第五章是中国优秀传统文化融入高校思政教育实践，从中国优秀传统文化融入高校思政教育的阻碍、中国优秀传统文化融入高校思政教育的措施分析、中国优秀传统文化融入高校思政教育的实践策略几方面展开论述。

在撰写本书的过程中,作者得到了许多专家学者的帮助和指导,参考了大量的学术文献,在此表达真诚的感谢。由于作者水平有限,书中难免会有疏漏之处,希望广大同行批评指正。

崔铭

2023 年 4 月

目 录

第一章 中国传统文化概述 001
    第一节 文化的定义 001
    第二节 中国传统文化的内涵 006
    第三节 儒道文化的研究及发展 036

第二章 大学生思政教育概述 044
    第一节 大学生思想政治教育的特征和形势 044
    第二节 大学生思想政治课程的建设分析 047
    第三节 大学生思想政治教育的内容和目标 056
    第四节 大学生思想政治教育的重要性 062

第三章 中国传统文化与高校思政教育的关系 076
    第一节 中国传统文化的思政教育价值 076
    第二节 中国传统文化与思政教育的契合性 087

第四章 中国优秀传统文化与高校思政教育的融合 098
    第一节 中国优秀传统文化融入高校思政教育的现状 098
    第二节 中国优秀传统文化融入高校思政教育的可行性 107
    第三节 中国优秀传统文化融入高校思政教育的意义 109
    第四节 中国优秀传统文化融入高校思政教育的途径 112

第五章　中国优秀传统文化融入高校思政教育实践 128
第一节　中国优秀传统文化融入高校思政教育的阻碍 128
第二节　中国优秀传统文化融入高校思政教育的措施分析 130
第三节　中国优秀传统文化融入高校思政教育的实践策略 156

参考文献 185

第一章　中国传统文化概述

中华民族优秀传统文化博大精深、源远流长。文化是民族的血脉，是人民的精神家园。本章主要介绍何谓文化、中国传统文化内涵以及儒道文化的研究及发展三部分内容。

第一节　文化的定义

一、"文化"一词的来源

"文化"一词诞生时间较长。在早期，"文"与"化"所对应的含义存在相应差异，在应用过程中也是分开使用的，其中，"文"表示的是纹理的意思。在《说文解字》中对其的描述为："文，错画也，象交文。"[1] 即"文"实际上指的便是交错的图画。在《周易》中对文的定义为："物相杂，故曰文。"翻译成白话文便是，不同物体随意进行混合，便是"文"。在《礼记·乐记》中，则对其进行了下述界定，即"五色成文而不乱"。[2] 其指的是不同颜色交错在一起，并非杂乱无章而是很有规律的。

自此以后，对"文"进行了诸多方面的引申：第一，可用于表示各种象征符号，如文书、礼乐等。《尚书序》曰："古者伏羲氏之王天下也，始画八卦，造书契，以代结绳之政，由是文籍生焉。"所表示的意思便是从伏羲进行八卦图绘制，编制文书与契约开始，就诞生了文书典籍。此时，"文"表示的便是"文书、典

---

[1] （东汉）许慎. 说文解字[M]. 杭州：浙江古籍出版社，2016.
[2] （汉）戴圣；《语文新课标必读丛书》编委会编. 礼记[M]. 西安：西安交通大学出版社，2013.

籍"。第二，可用于表示人为的修饰、加工等。《尚书》称："经纬天地曰文。"[1] 也就是说，对天地进行装饰，实际上就是文。第三，表示美、善。郑玄注："文犹美也，善也。"[2] 即其认为文表示的便是美、善。第四，用于指代文事、文职。《尚书》曰："王来自商，至于丰，乃偃武修文。"[3] 尽管周王是从商朝过来的，到了封地后，仍然能做到停止使用武力，修明文治。此外，条理义的"文"又用来表述自然现象的脉络，组成"天文"，表示的是天气变化所对应的自然规律；"地文"指的是地理环境变化所对应的自然规律特性；"水文"则指的是江河湖泊在历史变迁中所对应的发展规律；"人文"则表示的是社会生活中所建立起来的错综复杂的人际关系，涵盖了父与子、君与臣等。

"化"，是由"匕"衍生而来。从字形结构上来看，两人一正一反，表示变化。最早所表示的便是变化、造化。《庄子》称："化而为鸟，其名为鹏。"[4] 其意是说，巨鲸变成了一种大鸟，这个鸟的名字就叫作鲲鹏。《周易》说："男女构精，万物化生。"[5] 从其含义上来看，实际上是指在天地万物中，随着雌雄交配过程的进行，便产生了新的事物。此时，"化"指的便是变化。《礼记》曰："可以赞天地之化育。"[6] 其意是说，可以帮助天地化育生成万物。总之，"化"原本表示的是在两物相接的过程中，某一方在形态方面产生了相应改变，新的事物得以诞生。在此基础上，进而拥有了教化、感染。

在《周易》中，首次对"文""化"进行合并使用，如"观乎天文，以察时变；关乎人文，以化成天下"。对其进行翻译以后可知，其表示的是通过对天象变化情况进行观察，便可获知季节方面的变化情况；通过对人间条理进行观察分析，可将其用于对世人进行教化方面，进而更好地成就天下和平发展的大业。西汉刘向指出："凡武之兴，无不服也，文化不改，然后加诛。"[7] 其含义表示的是，倘若仅仅只是借助于武力的方式来征服民众，只能获得表面上的服从。与之相反，如

---

[1] （春秋）孔子. 尚书 [M]. 长春：吉林文史出版社，2017.
[2] （春秋）孔子. 尚书 [M]. 长春：吉林文史出版社，2017.
[3] （春秋）孔子. 尚书 [M]. 长春：吉林文史出版社，2017.
[4] （战国）庄子；贾云编译；支旭仲主编. 庄子 [M]. 西安：三秦出版社，2018.
[5] （商）姬昌著；（宋）祚胤注译. 周易 [M]. 长沙：岳麓书社，2000.
[6] （汉）戴圣纂辑，《语文新课标必读丛书》编委会. 礼记 [M]. 西安：西安交通大学出版社，2013.
[7] （汉）刘向撰；赵善论疏证. 说苑疏证 [M]. 上海：华东师范大学出版社，1985.

果能够借助于道德的方式来对民众进行教化，就能获得民众的认同感，提升民众服从性。对于那些在教化以后依然没有服从性的人员，可付诸以相应刑罚，便可实现对治理效果的强化。此时，"文化"一词表示的是人文教化。由此可知，在古代对于文化一词的使用，主要集中在精神层面，可将其视为"文治"与"教化"的集成，拥有文治教化等方面的含义。对于该词汇所赋予的现代意义，是在日本人以此词对译西洋术语的过程中产生的。在"明治维新"时期，西方学术在日本进行了大量渗透。日本在对这些资料翻译的过程中，是借助于汉语字典的方式来进行的，进而对"文化"这一词汇赋予了新的含义。其英文单词为"culture"，主要是以物质生产为主，略涉精神生产，其意是通过人为努力摆脱自然状态。1871年，泰勒对"文化"的含义进行了界定："文化，涵盖了知识、信仰、艺术、道德、法律、习俗、习惯等诸多方面的内容。"[1] 近代中国西学东渐时期，中国学者便借用了这一译法输入到中国。可见，在社会发展进程中，文化所对应的含义发生了较大改变。建立在古汉语字典的基础上，赋予了其新的含义。此时，其表示的是人类在发展的过程中，所获得的一系列文明成果给人的教化与影响。

《现代汉语词典》中对"文化"的解释为："文化，可将其视为在人类历史发展中，逐步积累而形成的物质与精神方面的财富，尤其是精神财富，涵盖了艺术、文学等各个方面。"[2] 目前，学术界对于"文化"所给出的定义，可将其从狭义与广义两个层面进行区分，其中，在广义层面上，涵盖了物质与精神两个方面。正是因为有了文化，才使得人与动物有了本质性区别，这也是人类所独有的财富。其不但涵盖了物质生产活动，同时也囊括了最终所制造出来的产品，所涉及的领域极为广泛，如认知、语言、艺术领域等等。此外，也涵盖了生产工具、日用器皿等器用领域；还有如制度、组织、风俗习惯等社会领域，覆盖面非常广泛。从狭义层面上来看，则表示的是精神方面的文化。具体而言，指的是人类生活过程中在精神方面所总结出来的思想意识、观念、习俗等内容的集成。与此同时，狭义层面上的文化，没有包含物质活动与产品，仅仅是针对精神活动而言，覆盖精神活动与成果两个部分。

---

[1]（英）泰勒著；蔡江浓编译. 原始文化 [M]. 杭州：浙江人民出版社，1988.
[2] 中国社会科学院语言研究所词典编辑室编. 现代汉语词典 [M]. 北京：商务印书馆，1978.

二、文化概念的界定

什么是"文化"？由于不同的社会背景、学科视野、研究角度的不同，各种文献中"文化"的定义可达数百种之多。

第一，中国传统思想中的文化概念。在中国古代，很早就出现了"文""化"的字样。在中国文化中，"文化"一直稳定地指向"人文化成""文以化人"的基本含义，简单说来，传统文化中所谓的"文化"就是以"人文"或者说人的"应然"特征来"化成"天下之人的过程与内容，在今天则主要指称用以"化成"的内容。总体上，这是偏向从广义上使用文化概念。

第二，西方学术思想中的文化概念。在西方，文化（culture）一词源于拉丁文 cultura，本意指掘垦、耕作、居住。总体来看，文化就是人类创造的物质成果和精神成果的总和。如果从最大外延上来讲，人类创造的一切，都属于文化范围，而从逻辑上来讲，任何定义都不可能将描述对象的所有细节纳入其中。人们几乎找不出一个可以为各方所共同认可的定义，这一点其实也毫不奇怪。所以从广义上看，文化与文明可以看作全等的概念。

20世纪以后，对文化概念的使用呈现出越来越走向狭义的趋势。人们越来越把文化与经济、政治并列起来使用，如著名的英国历史学家汤因比、美国国际政治学家亨廷顿都是如此。当前大多数国内学者认为，文化有广义和狭义之分。李慎明把"文化"分成四个层次：一是从人类历史发展总成果形态即物质成果加精神成果界定，这是"泛文化"；二是从人类精神生活特质，主要是自然科学和哲学社会科学角度界定，这是"大文化"；三是从一定社会形态构成即一定的文化与经济、政治相互依存的角度界定的"中文化"，如奴隶制文化、资本主义社会文化等；四是从特定社会意识形态上去界定，主要包括社会科学意识形式的"小文化"，这里的"中文化""小文化"大致相等于我们所说的狭义文化，是其所谓"大文化"中去除科学技术等"非意识形态"的部分。

第三，马克思主义的文化概念。马克思主义经典作家没有明确界定"文化"这个概念，但却有着丰富而深刻的文化思想。在谈到精神生产时，马克思主义认为，一切精神领域的东西，都终究是人们现实实践的产物。同时，在马克思主义看来，思想、观念、意识不仅反映客观世界，更要通过实践能动地改造世界。可见，在马克思主义经典作家的逻辑中，"文化"概念基本上与物质世界和实践相对，是从"狭义"上使用的，主要指人的精神、意识的形式，并且指明了文化的社会作用。早期的中国马克思主义者以唯物史观为指导，对"文化"也做过认真探讨。最具代表性的，是1923年瞿秋白从广义上对文化概念作了界定，他认为文化是由生产力、经济关系、社会政治组织，以及由以上因素形成的社会心理及思想系统。在这里，瞿秋白初步揭示了广义的文化概念中各组成部分之间的内在联系。1940年，毛泽东在《新民主主义论》中，把经济、政治和文化并列来看，大致相当于瞿秋白广义文化界定中的第四部分内容，显然是从狭义的精神领域来界定文化概念。此后这一狭义界定，被中国共产党历代领导集体继承使用，直到今天。

第四，本书对"文化"的界定。通过以上的梳理与分析，我们来解决本书对"文化"的"界定"问题。首先，这个界定从精神领域出发，也就是说，把文化看作是人类在生产生活实践中生成的，相对于经济、政治而言的全部精神活动及其物质产品中包含的精神因素。也就是说，文化既包括具有意识形态性质的内容，又包括非意识形态的内容。其次，结合习近平总书记关于文化建设的重要论述和学者们关于文化问题的理论研究来看，我们应该从这个界定中，除去自然科学和技术、逻辑学等非意识形态的部分。这个界定，其内涵与外延基本与唯物史观的观念上层建筑相吻合。在此采用这个"瘦身"之后的界定，一般适用于马克思主义传统话语体系中的"文化"，也适用于"中国特色社会主义文化"中的"文化"。

三、文化对人的影响

（一）文化引领思想

文化以春风化雨、润物无声的方式影响人的思想意识和言行举止。文化的思想引领功能突出地表现在对先进文化的认同感和自豪感上。以爱国主义为核心的民族精神和以改革创新为核心的时代精神，就是基于对我国先进文化的认同感和自豪感，进而产生强大的民族凝聚力和感召力，使我国在政治经济建设历程中，能够克服各种艰难险阻，取得丰硕的改革成果，并使之惠及亿万群众。因此，作为国家实力的重要支撑，加强先进文化的思想引领作用，是建设社会主义强国的应有之义。

（二）文化导向价值

人类与动物不同的地方在于人是有意识、有需求的动物。人类在对待满足他们需要的外界物的关系中产生了价值观念。价值观念是指人们对于某一特定事物的内在价值的基本认知和评价。价值是文化的核心。价值观既是个体行为的先导，也是个体行为的动力。由于全球化、多极化的发展，使得不同文化间的相互交流、相互渗透日益加剧，对人们的价值观选择产生了重大影响。

（三）文化塑造心智

自觉意识体现在文化可以使社会个体成员充分认识自己的内在潜力，即自省，进而产生一种自觉的责任感和使命感、凝聚力和向心力，即自悟，最后通过自省自悟，以奉献社会、服务他人为宗旨，创造个体的生命价值。自信意识体现在基于个体对本土文化的充分肯定和深刻挖掘，通过吸收外来文化的优秀基因，充实传统文化内涵，以提升自身的道德修养和道德情操，从而实现个体的社会价值。自强意识体现在将对文化的学习与个人的素质相结合，使之形成个人优秀的品德，实现完美的人性，进而促进自己勇于创新、艰苦奋斗，实现个体的人生价值。总之，亦如儒家文化所说的"学问之道无他，求其放心而已矣"，学习文化知识没有其他的目的，就是启发人的心智，实现人的全面发展。

第二节　中国传统文化的内涵

一、传统文化的概念

（一）传统文化的概念

传统文化，这一概念极为广泛，可将其分为"传统"与"文化"，其集成了这两个方面的内涵。其中，对于"传统"而言，又涵盖了"传"与"统"。在汉语词典中，对"传"的理解为传承、传递。"统"则表示的是事物发展过程中所对应的一种连续状态。在《现代汉语词典》中，对其进行了下述解释，即"在历史发展进程中所积累下来的文化、风俗、制度、艺术等等，对其进行传承与发扬，使其渗入生活各个领域，并转变为文化、民族、道德传统"。在此基础上，就能对文化进行下述理解，即在不同历史环境下，由于制度、文化、经济等方面的差异，进而形成了一系列与之相对应的意识形态、风俗习惯，通过对其进行传承，逐步对民众生活、学习等方面产生潜移默化的影响，遍布社会生活的各个方面，进而给社会发展起到显著性作用。

从此方面来看，可将传统文化视为在民族发展进程中，针对那些能够充分展示民族精神的元素进行传承，这也是民族思想、意识形态的体现。传统文化具备了世代传承的社会历史因素。传统文化中的"传统"是相较于当下而言，它具有两大属性：时间上的延展性与空间上的凝聚性。也就是说，在时间上，传统文化历经了数千年的历史演变，它在漫长岁月中逐渐积累而沉淀下来；在空间上，传统文化是具有民族特色且相对稳定的文化体系。简单来说，传统就是历史积累的总结，传统文化就是从古至今延续下来的思想文化、制度规范、风俗习惯、宗教艺术、思维以及行为方式等。

（二）中国传统文化的概念

传统文化是民族不断朝前发展的基础，是生生不息的强大精神支撑。各个国家、各个民族都有属于自己不同时代、独具特色的传统文化。中国传统文化则是由中华民族所创造的具有永久生命力的文化，是中华民族在中国古代社会形成和发展起来的比较稳定的文化形态，是中华民族智慧的结晶，展现了中华民族历史遗产的现实生活。它在历史的发展过程中不断传承而逐渐定型，至今仍在持续地影响着当代中国社会中"活着"的文化。

总体而言，中国传统文化由中华民族经过长时间的历史沉淀所形成，它是由中华儿女在人类社会发展的过程中形成的物质文化与精神文化的集合体，是根植于中华民族生息繁衍中的文化体系，具有鲜明的民族特点和稳定性，充分体现了中华民族的民族文化与民族特质，是民族历史上各种思想文化、观念形态的总体表征。其主要以儒家思想为核心，兼容道家、佛家等文化形态，也是中华民族赖以生存与发展的精神食粮。

随着全球化的时代特征日益明显，文化软实力的强弱程度已日益与各国综合国力的强弱呈现正相关性。传统文化包含了物质层面、精神层面、制度层面等，这些内容虽然在文化范畴内属于不同的层次，但又能够组合成为一个新的有机整体，既有区别，又有联系，并且互相影响、互相推动、互相渗透、彼此依存。因此，文化应该是多角度、多层次、多维度的。强大的文化发展，是一个国家、民族繁荣昌盛的基本要求和基本内容，展现了时代性、地域性、民族性、阶级性与同一性。而中华文明自史前时期以来就具有丰富多样的特性，且打上了鲜明的时代烙印，展现不同历史阶段的社会样貌，承载着古老悠久的民族记忆，是中华民族强大发展的思想灵魂所在。其历经近5000年的洗礼与考验，取得了令世人瞩目的耀眼成就，是居住在华夏大地上的百姓创造并且远扬至世界各地的文化总和，是建设中华民族精神堡垒的思想支撑，是我们新时代下的青年坚定文化自信的基础，是达成立德树人目标任务的重要载体，同时也是实现中华民族伟大复兴不竭的精神源头。

二、中国传统文化的特征

（一）重伦理，道德至上

中国传统文化是一种伦理型与崇德型的文化。孟子曾提到的"天之本在国，国之本在家"就很好地体现出了中国传统社会的实质，即中国传统社会是一种家国同构的宗法社会政治结构。中国传统文化重伦理、提倡道德的根本原因就在于这种家国同构的宗法制度。在这种宗法观念下，人们是特别重视家庭成员之间的人伦关系，就如兄友弟恭、父慈子孝等。这种人伦关系延续至今形成了中国各家庭成员之间特定的责任与义务的关系，即父母对子女有抚育的责任，子女对父母有赡养的义务，也就引出中华民族最可贵的传统美德——"百善孝为先"。中华优秀传统文化还特别重视个人对家庭、对社会的责任与义务。

（二）重实际，追求稳定

中国社会是以农业为基础的农耕社会，中国传统文化也具有农耕文化的属性。几千年来，中国人"日出而作，日落而息，凿井而饮，耕田而食"，这样简单的周而复始的农业生产活动养育了一代又一代中华儿女。正是在这种世世代代、年复一年的农耕生活的背景下，在这种简单而又重复、朴素而又实际的生产方式下，中华民族形成了重实际而黜幻想，重稳定而轻变动的品格。中华民族也因此形成了"一分耕耘，一分收获"的淳朴务实的民族性格。这种务实精神深深扎根于农耕经济的厚实土壤之中。经济基础决定上层建筑，这种以自给自足的小农经济为基础的古代中国，其务实的生产方式决定了整个国家政治、文化也具有务实的特性，朝廷贤大夫所提倡的"大人不华，君子务实"的思想就是对其很好的诠释。正是因为中华优秀传统文化中所蕴含的追求实际，做事脚踏实地的品格，才有我们党现在提出的求真务实、实事求是的工作作风，也才有我们"实干兴邦，空谈误国"的治国理念。

（三）重经验，贵中尚和

中国民间有句俗语，叫作"家有一老，如有一宝"，我们通常认为，老人由于有着丰富的生活阅历，积累了宝贵的生活经验，因而更具智慧，在处理问题、解决困难上也更有能力。因此，中国传统文化非常注重"尊老尚古"，高度重视过往的经验与教训。

"中"也是中国传统文化的取向之一。这里所说的"中"，并不仅仅是字面上"中间"之意，而是指"中庸"之意，即凡事不要过偏过倚，既不能做得不到位，也不能做得太过火，要取一个"折中"的状态。

中国传统文化重和谐的特点首先体现于人与自然的和谐。在人与自然的关系上，古人则提出了"天人合一"的思想。如孟子主张"爱物"，惠施主张的"泛爱之物，天地一体"，西汉董仲舒主张"人副天数"，张载、朱熹等人都主张"天人合一""天人一物"的思想。他们都认为人与自然要和谐相处，要与自然亲厚有爱。古人在人与人的关系上也重视和谐之道。如孔子提倡的"礼之用，和为贵"，孟子提到的"天时地利人和"，墨家提倡的"兼爱""尚同"等思想也都表现出了古代丰富的和谐思想。

中国传统文化是先辈们传承下来的丰厚遗产，但由于两千多年封建社会的影响，其中不可避免地夹杂着封建腐朽观念和文化糟粕。比如，三纲五常、等级制度以及重男轻女的思想观念就属于糟粕部分。因此在认识和理解中国传统文化时，在继承和发展中国传统文化的过程中，我们应该对优秀传统文化做出界定，科学客观地加以辨识和区分，学会有批判地继承和有甄别地弘扬，对于传统文化的精华，应充分挖掘整理其现代价值，对于糟粕部分要理性地抛弃。

三、中国传统文化的内容

（一）中华传统美德

中华传统美德的形成和发展贯穿了整个中华民族发展，历经时间很久，长达几千年。时间久则造就了内容的庞大。例如，有的人从社会生活的领域来分，即从个人到家庭再到社会，然后是世界。有的人从经济、政治、文化、生态等领域来分。有的人根据具体德目，把传统美德分为十八德、十德等等。此外，还有人认为"仁义礼智信"是传统核心价值观，把传统美德的主要内容分为仁义礼智信五大德目。

"仁义礼智信"是一个道德体系，囊括了大多数德目的内涵，在其他的德目中也有体现，而且是不可或缺。例如，关于"勇"这个德目，如果没有五常的规范，那就成了莽夫之勇，是缺乏智慧的勇，并不是美德；忠恕之道就是"仁"的延伸，只有爱人之心，才能做到以己度人，宽容他人；谦让体现了"礼"的道德规范。谦让就是礼让，"礼"中蕴含了"谦"的内涵。"让"是"礼"的外在表现，等等。虽然"忠""勇""孝"三个德目与"仁义礼智信"息息相关，但是像"廉""耻"这种德目，看似与五常没有关联，但也间接地表达了五常的内涵，是可以通过其他德目作为桥梁来理解分析的。比如，"耻"，常言道，"知耻近乎勇"，可以通过"勇"来理解"耻"与五常的关系。总而言之，"仁义礼智信"可以被认为是中华传统美德的精神统领，可以从中去领悟传统美德的核心理念。

1. 修身美德，加强品德修养

（1）诚实守信

第一，诚实是真诚、真心不欺骗，待人接物遵循自己的内心，是一种真实的品质。中国古代思想家对诚都有各自的见解，孟子曰："诚者，天之道也；思诚者，人之道也。"（《孟子·离娄上》）孟子认为诚是自然界的道理，思考诚也是做人的基本道理，强调诚是人修身之根本。古人一直以诚作为美德，它是社会最基本的道德规范，也是自身修养的准则。第二，左传记载："信，德之固也。"（《春秋·左传·文公元年》）古人重视信的作用，将它视为巩固德行的条件。"信"作为传统社会五常之一，一直是人们遵守的基本道德要求。第三，诚信最早产生于春秋战国时期，孔子"仁"学，包含诚信的品德，孟子提出诚是天下大道，儒家早期思想家重视和宣扬诚信，后来的继承者继续弘扬诚信。古语"人而无信，不知其可也"（《论语·为政》），"言必信，行必果"（《论语·子路》），诚信在中国传统道德社会，是君主统治的基础，个人行为之根本。诚实守信是做人的基本准则，一直是古代社会道德行为的基础，也是古人追求的最高道德境界。

（2）自强不息

自强不息出自《周易》"天行健，君子以自强不息"。古人发现天体运行过程中，周而复始，永不停息，根据天体运行的规律以及运行状态，刚健具有力量而且永不停歇，进而延伸出有志向的人意志更加坚定，具有自强不息的品格。道德高尚的君子，以坚毅、坚强的精神来激励自己完成既定目标，代表人们做事的态度和品质。儒家思想家荀子在《劝学》篇中论述："骐骥一跃，不能十步；驽马十驾，功在不舍。"引导人们在困难面前不低头，坚守初心、坚定信念，从而达到理想目标。中华民族依靠坚韧不拔、永不言弃的品质，才创造出灿烂悠久的华夏文明。中华民族在古代抵御匈奴、近代抵御西方列强、现代抗日战争、新中国初期解决温饱、新时代攻坚脱贫战，都在依靠着中华民族特有的韧劲和不服输的精神。自强不息是中国传统道德的重要规范，代表华夏儿女崇高的道德品质，也是中华民族贯彻古今的传统美德。自强是一种坚持不懈、勇往直前、积极进取、永不懈怠的精神状态，它对于一个人的成长具有巨大的鼓励和推动作用，是中华民族几千年熔铸成的民族精神。"自强不息"的"息"是停止的意思，"自强不息"就是要求自强这种人生格局、人生态度永不停息,这就要求人们不断创新,不断创造出新的成就。"自强不息"作为一种积极的人生态度,其目标是修炼道德、成就事业。人类能够从动物进化为具有文明的种族,其中最主要的原因就是人能够产生自己的思想,能够丰富自己的内心,创造有别于动物的精神世界,而不是出于本能地进行采食。人类的思想不但可以完善自身的发展,而且可以更好地改造世界,同时还可以让自身与万物和谐发展。当人们面对困难和挫折时,如果没有坚强的意志、不息的精神,就可能产生畏难情绪,想打退堂鼓,半途而废。作为一个自强不息的人,不应该灰心丧气,自暴自弃,要相信自己的力量,一定要勇敢地面对困难,勇往直前,做生活的强者。

(3)慎独自省

慎独自省是个人品德修养的最高境界,也是古今圣贤追求的崇高道德修养。一方面,所谓慎独,就是在个人独处时谨慎小心,后延伸为在没有他人在场监督时,严格要求自己,遵守道德准则,控制私欲,能够坚守自己的底线和原则。慎独是一种道德追求,在无他人的情况下表现出善的一面,更加强调自我的自觉与自律,做人原则始终如一。另一方面,自省是个人对自我审视和反思,反思自我的缺点,并加以改正。曾子曰:"吾日三省吾身:为人谋而不忠乎?与朋友交而不信乎?传不习乎?"(《论语·学而篇》)古代圣贤对自己每天多次反省,包括对待他人、朋友、学习等,以实现自身道德修养。人非圣贤,孰能无过?人难免会犯错误,自省就是通过自身反省及时改正错误,完善个人修身道德。慎独自省是中华民族传统的修身之道,是完善个人道德修养必须遵守的传统美德,要求我们严于律己,从自身出发树立正确的道德标准和道德选择。

2.家庭美德,注重家风家教

(1)仁爱孝悌

儒家思想的核心是"仁",儒家认为"仁者爱人"。(《孟子·离娄下》)仁爱是中华传统美德的源头,有"与人为善"(《孟子·公孙丑上》)"出入相友,守望相助"(《孟子·滕文公上》)的教导,更有"四海之内皆兄弟"的豪情。墨子在《兼爱》中提倡无差别的爱,主张"天下之人皆相爱",韩愈在《原道》提出"博爱之谓仁",朱熹在《仁说》中认为"爱之理,心之德",《中庸》中指出

"成己，仁也"。自我完善是仁。这些都体现出仁爱思想。"仁"内在包含克己思想、孝悌思想，以及温、良、恭、俭、让思想。首先，子曰："克己复礼为仁。"（《论语·颜渊》）体现克己思想。其次，子曰："弟子，入则孝，出则悌，谨而信，泛爱众，而亲仁。"（《论语·学而》）体现孝悌思想。子曰："巧言令色，鲜矣仁"（《论语·学而》）讲求君子并非巧言令色者，而是"唯仁者能好人，能恶人。"（《论语·里仁》）孔子的仁爱思想是儒家思想核心，构成了中华传统美德重要内容。古人十分重视孝道，孝是道德教化的源头，是道德素质最重要的部分。子曰："夫孝，始于事亲，中于事君，终于立身。"（《孝经·开宗明义章》）孝道是从孝敬父母开始的，然后才能效力于君主，最后才能有所成就，意在强调孝敬父母是立世最基本的品德。"悌"是兄弟姐妹相互尊重、互爱，亲人之间的相处准则，是血缘社会最重要的道德。"孝悌也者，其为仁之本与。"（《论语·学而》）古代将孝悌作为圣贤的标准，孝敬父母、与兄弟友爱，是做人的基本道理。孟子曰："尧舜之道，孝悌而已矣。"（《孟子·告子下》）孟子意在强调有所成就之人，在行为处事以及做人方面，只是遵守了最简单的孝悌。"老吾老以及人之老，幼吾幼以及人之幼"（《孟子·梁惠王上》）告诫人们践行尊老爱幼美德。仁爱孝悌作为儒家伦理思想的核心，是中华民族生存和发展的根基，也是千百年来中国社会维系家庭关系的道德准则。

（2）勤劳节俭

中华民族具有勤劳节俭的美德。古人有"民生在勤，勤则不匮"的教导，告诫人们勤劳就能丰衣足食。勤劳是辛勤劳动之意，是人们对待生活、工作的一种优秀品质，要求人们积极参加劳动，依靠自身劳动创造美好的生活。古代四大发明是中国人民依靠辛勤的双手创造出来的不朽文明，是中华民族勤劳的最好印证。节俭是人们的一种生活习惯，是一种有目的、有规划的生活和消费方式。从古代文化中深入挖掘勤俭精神的思想源泉，《左传》中载有："俭，德之共也；侈，恶之大也。"强调节俭是大德，是生活中最重要的品质和要求。更有唐代诗人李商隐"历览前贤国与家，成由勤俭败由奢"的告诫。我国自古就有勤俭治家的优良传统，"齐家"是古代家庭社会很重要的追求目标。古人认为，勤俭是治家的第一要务，没有勤俭的意识，就没有家庭的发展，没有家庭的和谐，就无法达到"齐家"的目的。做人首先要能治家而后才能齐家,家庭勤俭自然也会变得和睦。"勤俭"可以分为"勤"和"俭"。"勤"就是做人要勤奋、勤劳;"俭"就是做人要懂得节约。"勤俭"是古代劳动人们对于生活的态度,代表了古代人民改变自然、珍惜自然的智慧。家庭中培养人们勤俭的传统美德,不但有利于家庭的和谐发展,同时有利于整个社会良好风气的形成。中国人民素来就有和衷共济、兼济天下的家国民族情怀,慷慨大方的待友之道、"勤俭"的美德是对于自身素养而言,强调自身的修身养性,但并不代表着做人要"吝啬"。"勤俭"可以看作是治家、兴家的法宝,主张"御家以四教:勤、俭、恭、恕"(《文中子·关朗》),要求人们在生活中珍惜财物,杜绝浪费,精打细算,合理开支。不仅量入为出,而且尽量有所结余。严复曾告诫道:"治家者,勤苦操作矣,又必节食省衣,量入为出,夫而后仓有余粮之积,门无所逋之呼。至于因浪费而举债贷赀,则其家道苦矣!"(《严复集》)意思是说,所谓治家,平时要辛勤劳动、节衣缩食、根据收入来计划支出,这样仓库中就会积存有余粮,门口就没有讨债的叫喝声。如果因为浪费而借贷欠债,那么他的家庭就要过苦日子了。这些话即使在社会生活水平普遍提高的今天,仍然有益。"勤俭"治家不在于家庭的贫富、官位的高低,我国古代不乏身居高位依然勤俭治家的例子。唐朝宰相张嘉贞可谓家世显赫,家族中"一门三相",但是他依然能够勤俭治家,对于钱财能够保持理性的对待。张嘉贞曾说:"吾尝相国矣,未死,岂有饥寒忧?若以遣去,虽富田产,犹不能有也。近世士大夫务广田宅,为不肖子酒色费,我无是也。"(《新唐书·张嘉贞传》)意思就是:"我曾经身居高位,官至宰相了,死之前,难道还需要考虑饥寒交迫的事情?如果哪天我获罪了,即使有再多的财产,也留不下。现在的官员们致力于置办产业,给不肖子孙们挥霍,我不会这么做。"

3. 社会美德,培养家国情怀

(1) 精忠报国

自古以来,"忠"都是我国传统美德,中国传统的封建制度以"忠"作为最高的道德标准。《左传》记载:"忠,德之正也。"强调只有具备忠的品质,德行才能端正。精忠报国自古就是人们传扬的优秀美德,主要表现为对国家忠诚的爱国主义,在国家民族危亡之际不惜牺牲自己的生命。

（2）天下为公

"大道之行也，天下为公，选贤与能，讲信修睦。"(《礼记·礼运》)意在强调人们只有将天下作为公共的，才能实现和睦相处。"天下为公"以天下的兴衰为己任，与国家、民族共命运，为了国家和民族的兴盛，奉献自己全部力量。孔子认为"天下为公"是一种理想境界，更高的理想是"天下为公"的大同社会。孔子在努力向君主推崇"天下为公"时提出"为政以德，譬如北辰，居其所而众星共之"(《论语·为政》)，认为这其实是一种实现手段。孔孟认为禅让制在追求"公天下"，选择统治者是"选贤与能，讲信修睦"的；自禹将王位传给自己的儿子时，"公天下"变为"家天下"，是"百姓各为其家"。但在世袭制的大环境下，孔孟的想法并不切实际，他们转向宣传"仁"道，即使是在世袭制的环境下，依然能够通过"仁"实现"天下为公"。孟子认为，"国"与"天下"并不相等，"国"是有边界的，"天下"是没有边界的，且以民众的好恶为准，认为"民为贵，社稷次之，君为轻"(《孟子·尽心章句下》)。到了汉武帝时期，董仲舒在继承先秦儒家相关理念的基础上，认为"天下为公"只是为帮助其论证"君权神授"，认为君主的权利是上天授予的，皇帝受到"天"的监督，顺应自然法则，并开始"渴求"在实际意义上的"家天下"等同于"公天下"。在中国古代封建统治下，封建君王认为"普天之下，莫非王土"，认为"天下"是自己统治下的全部领土。宋代范仲淹"先天下之忧而忧，后天下之乐而乐"、陆游"王师北定中原日，家祭无忘告乃翁"等诗句，都表达出对国家安危的忧思情怀；明末顾炎武"天下兴亡，匹夫有责"，体现了国家兴亡的个人责任感；近代林则徐"苟利国家生死以，岂因祸福避趋之"，体现出为了国家的存亡奉献个人全部。当下，天下为公的最高表现是个人利益坚决服从国家、社会整体利益。天下为公的传统美德，塑造中华民族的高尚品质，培育了民族精神，激励中国人民为了国家富强、民族振兴奋斗不息。

（3）廉洁敬业

廉洁即清廉洁净、正直清白、不贪不占，古代多指从政者，后也指一般人所具有的道德品质。廉洁在先秦之前就是重要的道德规范，孟子曰："可以取，可以无取，取伤廉。"(《孟子·离娄下》)教导人们要廉洁。廉洁是人们对待权力、钱财的正确取向，是历朝历代所倡导的优秀美德，是中华民族的共同价值准则。敬在古代具有严肃认真之意，子曰："道千乘之国，敬事而信，节用而爱人，使民以时。"（《论语·学而》）孔子告诫人们做事情要严谨认真。敬业是指热爱自己的事业，认真对待工作和远大职业追求，更强调做人、做事的道理，强调个人的责任心。如"大禹三过家门而不入"诸葛亮《出师表》均是彰显使命和责任。廉洁敬业一是对自己的行为严格要求，二是督促他人在工作岗位上规范行为。

4. 处事美德，构建和谐社会

（1）谦让礼貌

"谦"指为人处事低调、不自满，正确认识自己的才能，尊重和虚心向他人学习的品德。古人更有"满招损，谦受益"（《尚书·大禹谟》）的告诫，也是为人处事的道德要求。《春秋·左传·文公元年》记载，秦伯曰："卑让，德之基也。"强调谦让是德行的基础。谦让有谦逊、善待、宽容他人之意，以谦让的姿态避免冲突和化解矛盾，更是一种道德规范。"礼"在中国伦理道德生活中占据重要地位，是五常（仁义礼智信）、八德（孝悌忠信礼义廉耻）之一，四维（礼义廉耻）之首，古代道德标准都有礼的规范。"礼"原指封建社会的典章制度，代表尊卑等级秩序，后指对待长辈或他人讲礼貌，它是人际交往中行为规范，更是衡量个人修养品德的标尺。中国自古重视"礼"的教育，春秋末期，诸侯国逐渐发展壮大，礼乐制度遭到破坏，社会秩序混乱，孔子希望通过恢复西周的礼乐制度，指导人们的社会生活，维持社会稳定。子曰："不学礼，无以立。"（《论语·季氏》）孔子告诫人们要懂得等级秩序、遵守规范礼节，才能在社会上立足。谦让礼貌在中国古代社会具有很高的地位，是中华传统美德重要组成部分，强调在待人接物过程中，个人的言行以及行为符合礼仪规范。当前，谦让礼貌已经成为中华人民的象征，中华民族国际形象和品质特性的标志，是建设社会主义精神文明建设重要内容。

（2）宽厚笃行

宽厚即待人不严苛，有宽宏大量、大度之意。《周易·文言》中说："君子学以聚之，问以辩之，宽以居之，仁以行之。"意在强调君子要胸怀宽仁之心。《周易·象》中盛赞大地的品德"坤厚载物，德合无疆"。厚实的土地孕育和承载着世上万物，大地品德深厚无比，接着以此来隐喻君子的品德，"君子以厚德载物"，君子应该像大地一样包容万物、胸怀宽广。中国古代的宽厚之道更多的是理解、宽容、尊重、善待他人，有"宰相肚里能撑船"的至理名言、"成大事者必不拘小节"的教导。宽厚更有严以律己、宽以待人的表达，子曰："己所不欲，勿施于人。"(《论语·颜渊》)孔子告诫人们自己不想做的事，不要强加给别人。笃行具有踏实做事、目标坚定之意，做到"知行合一"。礼记记载："儒有博学而不穷，笃行而不倦。"(《礼记·儒行》)告诫人们要将知识与实践相结合。宽厚笃行作为中国传统的价值规范美德，自古以来一直都是中华民族为人处世的正确做法，代表中华民族包容和实干的精神。

（3）以和为贵

儒家《论语·学而》中最早出现"礼之用，和为贵，先王之道斯为美，小大由之"《论语》。不仅教导人们如何立身处世，同时它也在教导统治者如何治国理政，时至今日，它在人际关系或个人行为准则方面还发挥着重要作用。中国传统文化中的"以贵为和"的思想理念从古至今都备受社会生活与政治生活领域的关注。"和"代表了古人对美好的、理想的生活的向往之情，也显示出他们对和谐社会的渴望与追求。"以和为贵"思想不仅对国家有要求，同时对个人也具有一定的约束力。道家认为，阴阳的矛盾运动决定了宇宙万物的出现。老子主张阴阳调和一气；庄子也认为是阴阳"两者交通成和而物生焉"(《庄子·田子方》)。道家强调事物具有对立性，而且在一定条件下可以互相转化。因此，在看待问题的时候一定要把握住事物对立面中的和谐、平衡。儒家强调人际关系，注重和谐；而道家重视一个人在为人处事的方法上要以和为贵，这就是两者之间的差别。可以说无论是儒家还是道家，在解释"以和为贵"中的"和"上没有优劣之分，只有角度的不同。马融注："人知礼贵和，而每事从和，不以礼为节亦不可行。""和"是一种处事原则，具有和谐、和睦、协调、融洽多重含义，既包括人与自然之间的共存关系，也包括人与人之间的人际关系。一方面，以和为贵、重视和谐是古代先哲的经验总结，是处理各种社会关系的准则，是传统文化的精神之一。中国古代以儒家为代表的思想家倡导人与自然、人与人、人与社会、个人自身和谐发展，对后世历代社会的和谐起指导作用。另一方面，古代"和"不是无差别的统一，而是有差异的和谐，追求等级社会的安定。虽然儒家和谐思想是为了维护封建等级制度建立封建君主制度之上的，但对社会和谐稳定以及提高平民道德修养起重要作用。

（4）重义轻利

义利之辨是道德哲学的基本问题，也是中国传统伦理道德不衰的争论。义利观是古代社会对于道义、利益的主张和观点，体现传统社会对待义利的优良道德品质，表现为传统道德伦理社会的价值取向。"义"指道义，是为人处事基本的道德准则；"利"指利益、功利，是与义对立的道德价值取向。《淮南子》中记载："故君子惧失义，小人惧失利。"强调君子能够理性对待个人利益。在古代传统道德社会，儒家义利观是主流意识形态，倡导先义后利、重义轻利。子曰："富与贵，是人之所欲也，不以其道得之，不处也。"（《论语·里仁》）孔子告诫人们君子要通过正当途径获得财富。又曰："君子有九思：视思明，听思聪，色思温，貌思恭，言思忠，事思敬，疑思问，忿思难，见得思义。"（《论语·季氏》）强调君子遇见利益，会思考是否符合道德利益。因此，儒家义利价值观要求我们理性对待个人利益，"君子爱财，取之有道"。（《增广贤文》）重义轻利思想，是中华民族的道德价值准则，促进中华文明的进步，对我国诚信市场建设、社会主义和谐社会建设、当代社会的反腐倡廉，提供了道德价值标准。

（二）中华传统礼仪

中国古代有"五礼"之说，即"吉礼、凶礼、军礼、宾礼、嘉礼"，其中，吉礼是用于祭祀的礼仪；凶礼是关于丧葬的礼仪；军礼是关于战争的礼节与仪式；宾礼是天子与诸侯、诸侯与诸侯、士与士之间相互会见以及接待宾客的礼仪；嘉礼则是一种在社会交往中亲近人际关系、联络沟通感情的礼仪，主要有饮食、婚冠、宾射、燕飨、贺庆等礼仪。这些传统礼仪文化经过数千年的发展与嬗变，至今对人们的社会生活影响深远。传统礼仪属于中国传统文化基本内容中的道德规范的范畴。中国素有"礼仪之邦"之称。在儒家思想"不学礼，无以立"的长期教育与熏陶之下，古人把礼仪变成一种刻在骨子里的生活习惯，在日常生活中自觉地履行着，而且在潜移默化中影响着后代子孙。礼仪能够反映一个人的交际能力、文化素养、道德修养，是每个中华儿女的立身之本，同时它也作用于规范人们的行为、提升道德境界、维护社会秩序等方面，体现中华民族的民族素质和道德修养，并且在一定意义上反映着国家的文明程度。从受众的广泛性、长久性和通俗意义上来讲，中国传统礼仪文化在内容上可以分为：生养成长礼仪文化、婚嫁丧葬礼仪文化、个人形象礼仪文化、社会交往礼仪文化、节日节俗礼仪文化。

1. 生养成长礼仪

生养成长礼仪文化是人类社会生活中非常重要的礼仪文化活动，是人生进入各个不同发展阶段而举行的礼节仪式。生养成长礼仪主要有诞生礼仪、成年礼仪、祝寿礼仪等。中国古代社会以家族为本位，传宗接代是家庭生活的头等大事。为此，当一个崭新的生命呱呱坠地时，人们都会举行多种仪式进行庆祝，诞生礼仪便随之产生。诞生礼大致有诞生、三朝、满月、百日、周岁等内容，其中周岁礼最为隆重。在周岁当天，婴儿要戴"长命锁"，行"抓周礼"，这是其人生历程中的第一个生日，也是今天人们庆祝"生日"的由来。生日，催促着人的成长，传达着人与人之间的真切情谊，是人生道路上的重要里程碑。成年礼是男女青年跨入成年阶段举行的礼仪。在中国古代，男子成年行冠礼，女子成年行笄礼，其目的是促使成年男女获得一种"成人"的意识，使其深刻认识到自己身上所肩负的家庭与社会责任，从而更好地孝敬父母，报效国家与社会。祝寿礼是祝福老人健康长寿的礼仪，是古代联络家族亲情的一种礼仪习俗。古代寿礼主要有送寿帖、设寿堂、行寿仪、吃寿宴、贺寿礼等仪式，祈福、祝愿老人长命百岁，享天伦之乐。现代社会延续中国古代社会生养成长的礼仪传统，既郑重祝贺了一个人的诞生、成年与寿辰，也在喜庆的气氛中教育着当代青年勇于担责，尊老孝亲，学会感恩，养成良好品德。

2. 婚嫁丧葬礼仪

婚嫁丧葬礼仪文化是关于婚嫁与丧葬的礼仪文化。婚姻是一个人的终身大事，它对于一个家族的延续以及整个社会的稳定都具有极其重要的作用。婚嫁礼仪是使成年男女恩爱相亲而举行的婚嫁仪式，是一种男女亲成的礼仪。婚嫁礼主要有纳采、纳征、请期、亲迎等礼节仪式。纳采以示提亲，纳征以行聘礼，请期以择良时，亲迎以接新娘，这些都是古代成亲必不可少的婚嫁仪式，也只有这样，男女双方才能结为婚姻关系，才能得到家族与社会的认可。现代社会亦是如此，一场婚礼前前后后大致要筹备数日，历经多道礼仪程序，众人张罗，高朋满座，场面极其热闹。

丧葬礼是凶礼的主体，是生者为了哀悼逝者举行的仪式与活动，以此来表达对逝者的尊敬与爱戴。古代丧礼主要有哭丧礼、吊丧礼、出殡礼、服丧礼等礼节仪式，葬礼主要有土葬、火葬、水葬、天葬、风葬等几种形式。古人丧葬礼仪细节之多，从逝者遗体的处理、到丧礼的规模大小，再到丧服的设计制作等，都很有讲究。在中国古代，上自帝王、下至百姓，没有一个不重视丧礼的，因而民间有"礼莫重于丧"的说法，这其实也是后代子孙尽忠尽孝的表现，是中国传统"孝"文化的彰显。婚嫁丧葬礼仪伴随着每个人的一生，也是人生礼仪的重要组成部分。

3. 个人形象礼仪

个人形象礼仪文化是社会个体在长期的日常生活中形成的礼仪行为规范，是一个人内在道德品质与礼仪文化修养的外化，主要包括仪容、仪态、仪表、言谈举止等方面。大方的仪容，得体的仪态，整洁的穿着，温和的言语，是古代君子拥有美好形象的必备要素。中国古人时刻注重自己的仪容仪态，讲究容颜庄肃，神态端庄，即使是笑，也不能过于轻率放浪。此外，古人还高度重视自己的衣着与服饰。正所谓"中国有礼仪之大，故称夏；有服章之美，谓之华。华夏一也"（《春秋左传正义》）。中国古代服饰华美，艳丽夺目。在历史上，各朝各代都有自己独具风格的礼仪服饰，且不同的礼仪活动，规定有不同的礼服。但需要强调的是，古代社会并非只重外表，而是主张表里一致。古人认为，美丽的仪容、漂亮的服饰必须与美德相称。一个人只有具备谦虚的态度，诚实的内在以及美好的品行，才能不失君子的气质与风度，才能对外展现良好的个人形象。反过来讲，我们也能够从人们的外在言行中看出一个人的内在德性与教养。由此可见，个人形象礼仪对于个体的成长与发展至关重要。

4. 社会交往礼仪

社会交往礼仪文化是人们在社会交往活动过程中形成的行为准则与规范，是一种亲近人际关系、联络沟通感情的礼仪文化。社交礼仪主要包括称谓礼仪、相见礼仪、书信礼仪、宴请礼仪等，其核心是尊重、礼貌、适度、自律。称谓礼仪是人们在日常交往中称呼他人的礼仪。在古代社会交往中，称呼不可随意乱用，必须选择符合彼此身份以及年龄的恰当称谓，以示对对方的尊敬程度。称谓礼仪一般有姓名称谓、亲属称谓、职务称谓等类型。相见礼仪是人与人日常相见时的一种重要礼节，以此表示友好之意。人们日常见面既要热情，也要有礼。古人见面有作揖礼、抱拳礼、拱手礼等礼节，除此之外，还有绍介、辞让、奉赞、还赞等相见礼节。书信礼仪是人与人之间相互沟通、联系的礼仪形式，其中的书信格式、称谓语、思慕语、祝愿语以及署名敬辞等非常讲究，体现出人与人之间谦敬、尊卑、礼貌的礼仪关系。中国古代十分重视书信礼仪，有《内外书仪》《书仪》《报任安书》等书信礼仪专著。古代书信根据收信人年龄、身份、性别的不同而有所区别。宴请礼仪是古代宴饮活动中的一种礼节仪式。我国早在远古时代就已经形成了完整的座次、入座、布菜、进酒等宴请活动礼仪。迎客之礼还有很多讲究。比如，与人说话时，需要注意细节。在《庖丁解牛》中，"庖丁释刀对曰"，庖丁是先放下手中的刀，才回答文惠君的话。这一细节就体现了庖丁的修养很高，礼节做得非常好。即使是在当今社会，拿着刀对着别人讲话，都是一种粗鲁、不礼貌的行为。还有一点就是招待客人时，怎么样安排座次，这也是一门很高深的学问。在《子路、曾皙、冉有、公西华侍坐》一文中，"侍坐"这两个字就直接明了、开门见山地体现出了孔子弟子对孔子的尊重。师徒四人在一起畅谈理想人生，弟子在孔子近旁陪坐，既显亲近又不失礼节。中国传统社会尊礼重礼，礼仪也成为每个人必备的社交礼仪。人是社会的人，人们只有学礼仪懂礼仪，才能够在社会交往中创造出和谐融洽的人际关系，进而提升自身的人际交往能力。

5. 节日节俗礼仪

节日节俗礼仪文化是人们在长期的共同生活与社会实践过程中建立与传承下来的生活习惯与文化习俗，它是一种群体的社会共识，体现的是中华民族共有的文化认同与价值追求。中国古代有许许多多的传统节日，如春节、元宵节、清明节、中秋节以及重阳节等。在春节，人们扫尘、拜年、吃饺子，以除旧布新，迎禧接福。在元宵节，人们观灯、舞狮、吃汤圆，以求来年平安顺遂，国泰民安。

在清明节，人们扫墓、踏青、插柳，以缅怀英烈，弘扬孝道亲情。在中秋节，人们举家团坐、饮酒赏月、同分月饼，取团圆和合、幸福美满之意。在重阳节，人们登高远足、喝菊花酒、吃重阳糕，向老年人表达敬意。在数千年的历史发展进程中，中国传统节日与节俗礼仪文化早已成为人们自觉遵守的群体习俗与生活模式，对于维系社会整体生活的和谐以及国家政治统治的稳定起到了重要作用。现代社会也愈来愈重视中国传统节日与节俗礼仪文化，每逢传统节日，人们都会按照当地传统节日礼俗提前准备，隆重庆祝，使中国优秀传统节日节俗礼仪文化能够世代相传，绵延不绝。可以看出，中国传统礼仪文化种类繁多，涉及广泛，有穿衣之礼、宴饮之礼、见面之礼、祭祀之礼、寿诞之礼、婚丧之礼等诸多礼仪，几乎囊括了人们社会生活的各个领域。中国传统礼仪文化不仅对古代民众社会生活的方方面面作出严格规定，也深刻地影响着现代人的生活方式与价值观念。

（三）中华传统家训

中国优秀传统家训主要是立身、治家、处世、为学的经验总结和教子、治学、慕贤、勉学、忠义等，家中长辈对于人生阅历的感悟，希望后世从中学习，能够不碌碌无为，更好地成长成才、为国尽忠、青史留名。

1.修身立世的个人品德

中国优秀传统家训大都极为注重修身的思想，其内容主要是注重人格的培养、习惯的养成以及个体对社会的责任感。古代先贤家训通过修身培养后世子孙的个人品德修养，达到"己所不欲，勿施于人"的人生境界，进而通过修身立世更好地实现治国平天下的人生理想目标。《道德经》讲："重修身，则无不克"，更加强调了修身的重要性，只有全面深入地培养个人品德修养，才能积极地投入到实现自我价值中去。

（1）淡泊远志，立志修身

个人的修身教育始终是中国传统家训最重要的内容，目的是使子孙后代养成"内圣外王"的人格和品质，然后逐步实现齐家治国平天下。传统家训修身教育的内容包括教导子女立志、勤勉好学、养成良好的品德等。修身首先要立志。例如，嵇康写给儿子的《家诫》中强调了立志对于个人成才的重要性，不仅要从小确立志向，还要志向高远，有了目标才有奋斗的动力。其次，修身要做到勤勉好学。内因是人成才的关键，自帝王将相到普通平民家庭都教导子孙勤勉不息、自立自强。修身要具备良好的道德修养，"进德""修业"是重中之重，传统家训高度重视子孙的道德教育，只有具备良好的道德修养才是做人的根本。

修身乃安身立命的前提，中国封建时代虽推崇积极入世融于社会，但同时也崇尚"从心所欲不逾矩"的君子之境。个人作为家族的一分子，其言行、品性的高低无时无刻不影响着家族在外的风评，对子弟进行修身教育是保全家族颜面声誉的途径，也是家族持续兴盛的有力支持。明代徐三重在《家则》中有言："以为子孙富贵地，吾不可知也，但愿子孙读书后，便要立志以孔孟行谊学力，自成人品，清白方正，不为世人所鄙笑。"直接明了地讲明对子弟而言，安身立命需修身。修身为科举取士、济世安民打下根基，为官者良好的修为对于百姓实则福泽，子曰："道之以政，齐之以刑，民免而无耻；道之以德，齐之以礼，有耻且格。"（《论语·为政》）通过修身所期达到的最高目标是"平天下"，个人、家族、国家紧密相连，构建起良好的社会秩序。功名利禄荣耀一时，良好品行受益终生，《温氏母训》记载温璜的母亲教诲他"世间富贵不如文章，文章不如道德"。修身自持，即使才华不被认可，亦可悠然一生，正如《家诫要言》云："熟读经书，明晰义理，兼通事务。世乱方殷，全然岭淡，世变弥殷，只有读书明理，修身独善才为上策。"总之，修身教育失意可安身，得意可生辉。

"志为事之帅。"立志不仅是人生的必修课，还是一个人成长成才的先决条件。中国优秀传统家训大都将立志理想与成才相联系，希望子孙后代都能尽早立志、学以致用。志向，就好像攀一座山，是一个人不断前进的动力，是不管前面的山有多高、道路有多崎岖，都应一往无前地奔跑。即便是中途遇到困难，也会凭借着理想信念克服重重困难最终到达终点。王安石在《游褒禅山记》中写道："夫夷以近，则游者众；险以远，则至者少。"拥有胸怀大志的人，向来不甘心默默无闻，他们终有一天会克服困难、实现梦想、到达顶峰。

诸葛亮给儿子起字叫作思远，希望儿子以后拥有远大的志向和理想。《诫子书》是诸葛亮写给儿子诸葛瞻的家训，全文开宗明义："夫君子之行，静以修身，俭以养德。非淡泊无以明志，非宁静无以致远。"人要有远大的理想信念必须拥有的充分必要条件是：静、俭。人若是想要拥有一定的才学，就一定要努力学习并且一定要树立坚定不移的志向，并且要保持内心的平和安静不被外界扰乱心神，因为内心不够宁静就不能专心向学。专心向学的同时还要保持节俭的品性，因为生活过于追求享乐就容易玩物丧志、丧失斗志，保持节俭朴素的心境才能提高道德修养。无论外界的诱惑多么强大、社会多么纷繁复杂，都能在激荡的生活中保持本性、拒绝干扰。

"竹林七贤"之一的嵇康，其一生钟爱老庄之学，擅长音律弹琴，注重养生。他在《家诫》中提出："人无志，非人也。"把"立志"看成是做人的最基本的要求，一个人要是没有志向地活在这世上，每天无所事事地混日子，那他就不配做个人了。魏晋时期嵇康不愿依附司马氏，辞掉官职，隐居山林。告诫儿子，不要整天像他一样胡乱度日、无所作为，而是应该早早确定自己的志向，确定自己的目标和方向，成为对社会有用的人。

（2）勤勉自律，修身立世

中国优秀传统家训认为勤勉与自律是修身立世的重要条件。首先，学贵在勤勉。诸葛亮在《诫子书》中提到："非学无以广才，非志无以成学。"只有勤勉于学习才能实现自己立下的志向，诸葛亮在强调立志的同时还强调对于学习要有发奋苦读的精神，有了立志苦读的精神、持久不变的毅力，在提升自身修养的同时才能实现自己的人生理想，而勤勉是取得成功的前提条件。其次，要做到学贵自律。曾国藩在家书中提到"看书不可以不知所择"，认为读圣贤书不仅要感知从前的文化氛围、领略前人的文化积淀、感受古人的智慧精华，还要有目标、有选择，更要"每日读史十页"坚持不懈达到自律的境界。这样才能不断地提高自身的能力和知识文化水平，通过自己所学，让自己得以明理、明志，成为对国家有帮助的人。最后，学贵在有恒。傅山在《家训·十六字格言》中一个"勤"字，强调学习知识一定要有勤勉努力、刻苦钻研、坚持不懈的精神。在读书的过程中还要专心致志、持之以恒，这样坚持不懈地每日学习，则会步步精进、日积月累后终将会学业有成。读书如此，办事做事也应做到这样。

2. 治家尚俭的家庭美德

古往今来，时代更迭，春秋更替，一代又一代的少年变为老人，一个又一个的中国人身体力行地继承着尊老爱幼的优良传统。中国古代纲常伦理严明，将对于父母的爱称之为"孝"，将对于兄弟之间的爱称之为"悌"。"孝""悌"是维护封建社会中人与人之间关系的纽带。古时人们十分重视长幼有序、孝敬父母、兄友弟恭的相处模式，从而形成了一系列的相处方式和准则。

（1）同族和睦，与邻为善

中国古人的家族观念很重，强调"家和万事兴"，只有把家庭管理好，才有资格管理国家。传统家训教导子孙要齐心协力、互帮互助，以维持整个家族的兴旺与延续。首先要维持好家族内部的各种重要关系，其中夫妻关系、父子关系、兄弟关系这三者最为重要。夫妻之间要和睦，"举案齐眉"，共同管理好家庭。夫妻双方互敬互爱，才能营造和谐的家庭氛围，是家庭稳定的基础。父子之间"父慈子孝"，历代家训都非常重视父母对子女的教养，把训诫子弟看作为人父母的责任，长辈需以身作则，给子女树立好的榜样，长辈要尽心教育抚养子女，子女也要孝顺父母。兄弟姐妹之间要做到"兄友弟恭"，兄弟之间和睦相处、彼此信任、互相帮助，家族才能兴旺发达。

家庭成员间的和睦相处有助于日常生活的平稳进行、邻里和谐、更好的稳定社会秩序，是之谓"齐家""兴家"之道。父子、兄弟、夫妻三者之间的关系，是中国传统人伦关系中最重要的组成部分。家庭成员之间的和谐相处、友善互爱，才能形成和谐有序的家庭氛围。

家庭成员间的和睦相处，首先表现在父母对子女的严慈相济，子女对父母的恭顺孝敬，同时要用适当的礼节去爱父母长辈。《礼记·曲礼》中提到：做晚辈子女的，在隆冬之时要注意父母长辈穿的是否暖和；所身处的居所是否温暖，夏天要考虑父母长辈身居之所是否凉爽；夜晚就寝之前要向父母双亲问安；早晨起床之后要向父母长辈询问是否身体康健；与平辈之人和平相处，不可发生争执等。其次，表现在同辈群体之间的互谦互让、团结友爱、互相帮助的兄友弟恭的同辈关系上。"有事相佐，饥寒相恤，有无相通，疾病、患难相顾，善相劝，过相规，勿分纤毫"。（《昆山安定胡氏世谱·家训》）遇到事情的时候要互相商量，饥寒交迫时要相互帮扶渡过难关，有疾病困难时要相互照顾、相互帮助，有过错要加以友善地规劝，但是兄弟之间不可以相互猜忌、心生芥蒂。最后，表现在相敬如宾、互相尊重、互敬互爱的平等的夫妻之间的关系上。"居家久和者，本于能忍。"(《袁氏世范》)袁采对于夫妻之间的长久相处关系，总结出一个字"忍"。夫妻之间本没有大的矛盾，不必非要论出输赢才罢休，互相尊重、互相退让一步，才能达到理想的夫妻间的和顺关系。

亲人之间的和睦相处能够形成良好的家庭氛围，邻里之间的和谐相处能够形成和睦的邻里关系。善待邻里关系一直是中国优秀传统家训中的重要组成部分。曾国藩曾叮嘱家人要善待乡邻"'有钱有酒款远亲，火烧盗抢喊四邻'，戒富贵之家不可敬远亲而慢近邻也"。他认为世家大族最应该做到的就是善待乡邻，有灾难祸难之时一定是乡邻出来帮助。处理好乡邻之间的关系，对世家大族有深远的影响。同时，长辈们的以身施教也深深影响着氏族子弟的处世之道。

（2）崇节尚俭，以兴家业

《大学》写道："仁者以财发身，不仁者以身发财。"吝啬的人为了收敛钱财不择手段，把敛财当作人生的唯一目标。而勤俭则与之大不相同，它的目标不仅在于积累一点一滴的财富，还在于更加良好的生活，必须拥有幸福、快乐、友情、亲情、道德等等。就如朱柏庐在《朱子家训》中提到："一粥一饭，当思来之不易；半丝半缕，恒念物力维艰。"也许节约的一点一滴并不算什么，但在漫长的生命中，总有一天会发现一粥一饭、一丝一缕的重要。

唐代帝王十分注重对众皇子及亲眷节俭意识的培养，经常告诫他们要远离骄奢淫逸之生活习性。而要使娇生惯养的皇子做到崇俭戒奢却又着实比平常人家更难。李世民深知这一点，他因此在《诫皇属》中写道："汝等生于富贵，长自深宫，夫帝子亲王，先须克己。每著一衣，则悯蚕妇；每餐一食，则念耕夫。"他认为众皇属自幼生长在皇宫之中，从出生之日起就享有无尽荣华富贵，自然不懂得富贵来之不易，因此需要严格要求自己，每一衣当思妇人之辛劳；每一饭，当想农夫之艰辛。以上唐太宗对皇亲国戚的殷切期盼，归根到底是劝他们要珍惜这来之不易的富贵，通过严于律己的崇尚俭德，影响到黎民百姓，以守天下之财。唐太宗认为保持节俭十分重要，他列举了古代艰苦创业的君王，他们一定拥有节俭的德行。虽然这些人四海之宝尽在其身，但是贵为天子却能淡泊而不奢侈……接下来又具体说明了他们是如何奉行节俭的。他们居住的房屋是用茅草盖的，使用的车马、服饰都不加以装饰，甚至所吃的肉汁都是不加调料的。

提倡节俭、反对奢侈，对一个人和其家族的影响是巨大的。世家大族对个人的节俭尤为重视，它是中华民族至今都在秉承的传统美德之一。首先，节俭是家族成员的必修课。曾国藩曾在家书中提到："世家子弟，最易犯一奢字，一傲字。"世家大族的子孙后代，最不应该奢侈度日，自持骄傲，应将主要的精力放在读书学习上。其次，勤俭能养德修身。勤俭节约已经成为中华民族的特定文化，已经被传颂了千年之久，已被每一个中华儿女牢记于心。曾国藩在给长子曾纪泽的家信中写道，起床后的第一件事情便是去打扫庭院，随后静心练字一千个，而且第一个字一定要写"俭"。曾国藩以勤俭作为标杆，身体勤劳在于早起运动打扫庭院，心里干净在于懂得节俭并身体力行、付之行动。最后，崇俭能立业兴家。司马光在《训俭示康》中提到："俭能立名成业，侈必随落自败。"他认为一个人崇节尚俭、勤勉自律就一定会功成名就；奢侈度日、奢靡浪费则一定会堕落失败。安徽绩溪《章氏家训》有云："传家两字，曰读与耕；兴家两字，曰俭与勤；安家两字，曰让与忍。"耕读可以传家，俭与勤可以兴家，忍与让可以让家族长治久安。从侧面写出俭与勤对于兴家的重要性。

勤俭是治家之根本，崇节尚俭不仅能使家业持久壮大，还能使一个人养成勤劳节俭、拒绝铺张浪费的良好生活习惯，为以后的漫长人生做好铺垫，给子孙后代做出良好表率。

3. 宽厚廉政的职业道德

（1）严于律己，宽以待人

古代圣贤对晚辈的交友十分重视，《易经》所写："同声相应，同气相求。"优秀的人，才会遇见更加优秀的人。一个人入世免不了与人打交道，传统家训往往根据以往的经验来传授子孙如何与人打交道。中国文化强调"以和为贵"，待人处事要与人为善，与人交往要和颜悦色、宽厚待人。在自己有能力的情况下多行善举，救难济贫。其次交友要慎重，多与君子打交道。例如，《颜氏家训》提出：与善良的人相处就好比进入满是芝兰的屋子一样，时间一长自己也变得芬芳起来；与恶人相处，就像进入满是鲍鱼的店铺一样，时间一长自己也变得腥臭不堪。强调多与品行高洁的人相处，这与古语"近朱者赤，近墨者黑"是同样的道理。

古人对交友十分重视,作为一代贤人的孔子提出了"无友不如己者"(《论语·学而》)的交友准则。在选择的朋友的过程中要"义以为上""安贫乐道"。不仅以"君子"的高标准要求自己,同时也以此标准来选择自己的朋友。《墨子·所染》中关于人性言:"染于苍则苍,染于黄则黄。"素丝受影响会变色,人受影响也会跟着改变,强调了客观环境对人的影响,以此来说明谨慎择友是十分重要的事情。人生最初如一张白纸,与不同的人交往或多或少都会在心里留下不同的痕迹。社会是一个大染缸,如果一个人心怀坦荡、团结友爱、尊老爱幼,那么他的身边好友也会有相同的美好品格。拥有相似脾气、兴趣爱好的人往往会相互吸引,与优秀的人相交往,做事往往事半功倍,与恶劣的人相交往,做事往往事倍功半。

在与朋友交往的过程中,要做到言而有信、诚礼相待、懂得成人之美。自古以来就极为注重礼仪的华夏文明,对于交友的更高要求就是"仁",它是人们内心的道德自律。对待朋友的错误要有宽容的精神,"人非圣贤,孰能无过"人生在世人人都会犯错,推己及人,朋友会犯错,自己也会犯错。首先,对待朋友的过失要宽以待人,有包容忍让之心。王阳明在家书《示宪儿》中提到:"能下人,是有志;能容人,是大器。"无论身份地位如何,都要拥有容忍和谦卑的心态。其次,对待自己的错误要"过,则勿禅改"。自省过后主动加以修改更正,不怕别人在背后议论,不怕丢脸犯错,也不怕改错过程的困难。以对待自身的言行举止为参照物来对待朋友,以更加宽容的精神和更加真诚的心态,在纷繁的世界中相互理解、相互包容。

(2)廉洁奉公,清白传家

廉洁是一个永恒的话题,也是一个社会永恒的价值追求。纪晓岚在临终遗训中提到:"贫莫断书香,贵莫贪贿赃。"告诫子孙后代做人一定要堂堂正正、品性正直、无私无畏、一身正气、两袖清风,最重要的是不要贪赃与枉法。这也是中国优秀传统家训中反复提及的重要词汇。廉洁正直之人,历来被称之为"古之楷模,今之模范"。纪晓岚一生清贫,用自己廉洁正直的一生为子孙后代做出榜样。

宋代包拯一生刚正不阿、廉洁公正、刚毅果敢,深受百姓爱戴,不仅严于律己,也同样严格要求身边的部下,不准下属贪污受贿、徇私舞弊。在对待子女的教育问题上，他专门撰写家训，要求后代子孙清正廉洁、忠于职守，继承其清白家风。并将家训刻于堂屋东壁的石碑之上，以此警戒后世子孙。包拯在家训中提到："后世子孙仕宦有犯赃滥者，不得放归本家，亡殁之后，不得葬于大茔之中，不从吾志非吾子孙。"这样强而有力的态度使包氏家族千百年来形成一种上行下效的清白家风且一直传承至今。

骄奢是磨灭一个人意志的最主要因素，唐太宗认为骄奢浪费至辱，崇尚节俭为荣，俭与奢是荣与辱的开始。然而人具有主观能动性，是奉行节俭还是奢侈无度需要有所选择，但祸福也会随之将至。假若人的情欲有所减少，则高尚的德行就会日渐充足；若被千百种欲望所左右，则凶事即来。这就如丹桂内的蛀虫，朱火内的烟尘一样，虽微小，却会造成巨大的影响。由此观之，人的意志是可以主宰欲望的。李世民认为，作为君主如果行为奢侈，喜爱玩乐，甚至放荡无度，那么一定会使农桑荒废；作为君主如果喜好奢华的宫殿，爱玩珍珠宝贝璎珞，喜穿华贵无比的衣服，那样一定会使赋役繁重，极寒丛生。如此之事，长此以往必然会导致人神共愤的结局。由此观之，皇室虽富贵广大，却也更易生骄奢，若不加以控制定会致使王朝倾覆。

北宋中期，商品经济已经高度发达，奢侈浪费的不良风气弥漫着社会上下。司马光十分不喜欢这种铺张浪费、极尽攀比的奢华之风。他害怕儿子沾染不良风气，希望司马康从小就继承司马家族的清白家风，于是撰写《训俭示康》对儿子进行清正廉洁的家庭教育。在家训中司马光列举大量实例对儿子进行崇俭抑奢教育，从正反两方面告诫司马康奢靡浪费、奢侈度日的危害；并结合自己从小"衣取避寒，食取果腹"的人生经历，身体力行地对儿子进行品格培养。最后，司马光要求司马康身体力行地教化后代，谨记崇节尚俭的家训，传承清白廉洁的家风。

为官自然要大德当道，心系百姓。宦海沉浮，诱惑颇多，在官场守住本心是明清家训中所要训诫子弟的箴言。明代官员徐三重在《徐氏家训》中告诫有幸出仕的子弟"当以国事为家事，民心为己心，不得但蹴荣名，苟图身利"。鸿州先生赤子之心，教育子弟一定要感念国家给予自己的俸禄，断断不可中饱私囊只求荣华名利，连用四"毋"讲明从政需以德，并提点家族，如若子弟官位不高，俸禄不够生活，家族应拨款赡养之。清代汪辉祖讲到不论职位高低，都应恪尽职守,在用人、理财、与上下级对接等方面,均应常存敬畏之心,才可保名誉、地位之安稳。清代学者蒋伊训诫子弟以权谋私不可为,利用自己的势力强取豪夺,表面是获利,实则钱财与百姓的生命息息相关,如此做法无异于伤及百姓性命。切记万万不可受贿,天地可鉴,神明有眼。明代理学家薛瑄更是在其《薛文清公从政录》中直言为官要做到:摆正内心,用清廉自律,对待君主要忠诚,对待上级长辈要谦恭,对待下属要宽厚,处事要恭敬。清代文学家、官员纪昀于《寄从兄旭升一》中开篇即言明,做官定要廉洁自持,自省不应求取不义之财,后又以进士陈半江为亲戚所累的事件告知警醒。清代杰出政治家张廷玉继承其父张英之志,他告诫后辈做官第一重要的是"廉洁"。清正廉洁的保持要靠忍耐,忍耐即指在面对诱惑与贿赂时坚定态度,守住底线。晚清名臣曾国藩在《八本家训》中指出"居官以不要钱为本",他一生严于律己,以做官发财为耻辱,以子荫父职为羞愧。

4. 德信为先的社会公德

(1) 诚信为民,精忠为国

许多家训蕴藏着诚信为民、精忠为国的道德思想,并在家训中反复提及。诚信是一个国家治国理政的重要思想之一,是人与人交往的基本条件,也是国与国保持和平共处所应遵守的基本道义。爱国作为个人最基本的道德修养,是我们终其一生都应该践行的核心价值观。

为子为民一定要守诚守信,《洞庭南徐徐氏族谱》有言:"凡与人订约,不可逾期;许人财物,不可食言;与人言谈,不可虚诳。"凡是与人订立约定一定不可以逾期,许诺给别人的钱财物件一定不能食言,与人相交谈论时一定不可隐瞒欺骗。张廷玉在《澄怀园语》中提到:"一言一动常思有益于人,惟恐有损于人。"做人一言一行都要站在别人的角度思考,千万不要欺骗、损害别人的利益。《荀子》中提到:"君子养心莫善于诚。"古代仁人志士都以"君子"为最高的标准来要求自己,而君子修身养性、提高自身品德修养的前提就是"诚",说明了诚的重要之处。

为子为民还要精忠爱国,琅琊诸葛氏家族第一世祖是诸葛丰。他首开刚强果敢之家风,对各种违规法纪、有损百姓和国家利益之事都"刺举无所避"。他以特立独行、果敢刚毅闻名于世，曾任职于司隶校尉，因不想落下"在其位不谋其职"的名声，检举惩处包括皇亲国戚在内的所有违法乱纪之人。其子孙诸葛亮继承先祖爱国的诸葛氏家风，曾写下"鞠躬尽瘁，死而后已"的刚直忠义、敢于为国家牺牲的千古名句。诸葛亮在《兵要》中曾说："人之忠也，犹鱼之有渊，鱼失水则死，人失忠则凶。"诸葛亮为了国家统一，南征北战；为辅佐刘备、刘禅两位君主，鞠躬尽瘁，最终病逝于五丈原。诸葛亮的儿子诸葛瞻在敌人攻打蜀国时，面对诱降，怒斩来使而英勇战死。诸葛瞻的儿子诸葛尚，随即冲入敌方战死，用年轻的生命表达了他忠诚爱国的信念。

（2）行善积德，心怀坦荡

中国优秀传统家训提倡"积德""积善"，既是为自己谋求幸福安康的心理满足感，更是为了子孙后代造福修德，为后世代代子孙树立乐善好施的良好榜样。

《虞山樊氏家训》写道："天下第一等乐事，读书为先，而实积善为主。"樊氏的家训认为天下第一有趣的事情是读书，而后便是行善积德。读书明理为一，行善积德为二。将行善排在了一个较高的位置，告诫后人明理为先，积善次之，是为子孙"为之计深远"。同时，行善积德不仅要从琐事做起，一点一点积累，还要持之以恒，"勿以善小而不为，勿以恶小而为之"（《三国志·蜀志·先主传》），这便是积的工夫。不要因为善端小就不去行善，因为小的善意会因为一点一滴地积累而变成大的善端，也不要因为恶念小就去行恶事，因为小的恶念会因为不加制止变成大的恶果，所有事情的结果都是慢慢积累而形成的。

北宋名臣范仲淹，幼年之时父亲病逝，母亲带着他改嫁到别家。虽改名换姓，但是年幼时生活清贫的范仲淹与继父家的奢侈生活格格不入，偶然之间得知自己的身世后，便外出游历求学。考中进士后，范仲淹将母亲接回身边赡养，随即恢复自己的原本姓名。因深知穷人的生活不易与艰难困苦，他创立了供族人生活、读书、抚养族人的"义庄"。他曾专门撰写《告子弟书》教诲子孙：家族人口众多，虽然有亲疏之分，但是曾经同是相同祖先，也就没有远近之分，不要独享荣华富贵而舍弃清贫的族人而不顾。曾专门撰写范氏族训《义庄规矩》，随后历经数十次的修改更正，趋于完善；为后世的家训的撰写提供了十分重要的借鉴意义。此等善举不仅救济了清苦的族人，同时也强大了宗族的规模。

（四）中华传统宗教

1. 儒教

儒家是由孔子创立的一个学派，但是由于其深厚且宽广的影响，也可以把它看作是一个宗教派别。对于宗教概念来说，它是人类发展过程中一种特殊的意识形态，源于人们思想的发展和信仰的依赖，同时也是一种普遍的文化现象。宗教伴随着人类文明的发展有不同的体现方式，原始的宗教主要表现出一种"神化"，这是因为人类对自然界认识的不足，同时也反映出人类内心对未知的探索。在历史的长河中，宗教的含义逐渐发生改变。从我国的儒家学说来看，自其创立以来，世人对其研究而产生的著作，可谓是汗牛充栋。儒家学说就像西方的宗教一样，深深地影响着中华民族的思想，对中国社会有巨大的道德教育意义。从这方面讲，儒家也可以列入宗教的行列，但却又不等于完全意义上的宗教。

作为教化意义上的儒家不完全是思想形态，更多的是通过文字熏习变化气质的人文教养。儒家的君子、圣贤人格在"志于道"的践行中，是学习者外在的楷模和内在的通道。儒家的精神哲学是身心性命转化的修养。

2. 道教

道教是我国的本土宗教。道教的创立与"老庄"哲学有着千丝万缕的关系。道教在"老庄"哲学的基础上，融合战国时期的方术，形成了自身一套完整的宗教体系。在道教中，道家学派的创始人老子被神化为"太上老君"，这一点与其他西方宗教有些相似。道教有自己的神化体系，尊奉"三清"，分别是玉清、上清和太清，对应着三位道家神仙，分别是元始天尊、灵宝天尊和道德天尊。元始天尊是从开天辟地的方面来看，灵宝天尊是从万物生长方面来看，道德天尊是从世间规则方面来看。

道教一开始就追求长生不老，认为只要参悟透了道的奥秘并遵循道的法则来生活，再辅以特殊的丹药，人就可以永生不死。因此，早期道家热衷于炼丹术，以期炼出长生不老药。为了炼出心目中的丹药，他们会收集一些特殊的矿物质和植物的种子，把它们磨碎、混合，然后在特制的炉内加热。这些矿物质中有一种关键的成分即朱砂，它在加热时会产生汞，如此一来最后炼制出的不但不是什么长生不老药，反而是毒药。由于越来越多的道士因吃丹药被毒死，所以这种以通过炼丹和吞丹达到长生不老目的的做法到南北朝时期就基本停止了。

另一种获得长生的方法道士们称为"内丹"。炼内丹的第一步是根据老子和庄子的理论，消除内心的一切情感和思想活动，保持内心的平静。第二步是用意念促使身体内的能量流动起来。操练者相信这样做能保持生命的旺盛。内丹的方法后来发展成了颇具中国特色的独门绝技"气功"。长期以来中国人通过练气功以达到强身、治病的目的，也有的是为了练就攻击和防卫的特殊技能，这对于外国人而言有些不可思议。尽管与其他宗教有共同点，道教还是有它自己的特点：它追求现世的长生而不是期望天国的生活，它追求自由自在而不是苦行，它相信命运掌握在人自己手里而不是神灵的手里，它对其他宗教和观念抱有宽容和开放的态度。

在长期发展过程中，道教对中国文化尤其是在医药和卫生方面做出了很大贡献。例如，生活于南朝时期的陶弘景曾撰写过关于医药、处方、药理等七部著作。东汉时期的伟大的医药科学家张仲景，也是早期的道教人物。道教的贡献还包括化学、健身法、武术、文学、道德修养（道教也主张善恶有报）等。在对社会有着积极意义的同时，道教也有它迷信的一面，这主要反映在它的"符箓"和"风水"等观念上。

3. 佛教

世界三大宗教中佛教在中国最为流行。在佛教看来，首先，世界的本质是空，所以人所看到的、听到的、摸到的、感受到的都不是真的。换句话说，世界上所有事物连同世界本身都是人的意识幻化出来的假象。其次，佛教有两个术语表明人的两种不好的心理状态——"我执"和"他执"，它们会影响人们对痛苦的摆脱。"我执"是指人受自我的欲望、意志、情感等的束缚或羁绊；"他执"指的是人受外在事物的束缚或羁绊。

佛教进入中国后，经历一个中国化的过程，直到禅宗的诞生。作为最中国化的佛教，禅宗主张最简单的修行方式，反对长时间的参禅和枯燥的佛经研究工作。之所以如此，是因为禅宗认为只要心足够诚，佛性的获得只是瞬间的事。这种观点很好地反映在禅宗的创立者慧能的一首佛偈中："菩提本无树，明镜亦非台。本来无一物，何处染尘埃？"(《坛经·行由品》)禅宗主张修行的关键不在于念经、研经和参禅，而是领悟，这与儒家和道家主张的心性修养论有某些相似之处。正因如此，禅宗更为中国人所接受。更重要的是，禅宗对佛教仪式和佛教活动的简化也降低了大众进入佛教的门槛，这使得佛教成为在中国最为流行的宗教。所以，禅宗的建立被看作是佛教中国化、大众化和世俗化改革的产物。

佛教在中国有广泛的群众基础，深受人们的欢迎。究其原因，首先，其"众生平等""慈悲为怀"的主张与儒家"仁"的观念相一致；其次，其伦理上的"业报轮回"说具有净化社会风气和促进孝道的作用；再次，佛教哲学成为中国人的一种智慧源泉，它不仅影响了中国哲学理论，如朱熹的理学和王阳明的心学的发展，而且也为中国人解决现实的问题提供了策略；最后，它参禅的方法和目标以及以德报怨的道德理念与道家有相似之处，这也为中国人高尚的道德修养提供了精神资源与方法。

四、中华优秀传统文化的内在特质

（一）生生不息的延续性

众所周知，中华优秀传统文化是中华民族历经悠悠数千载却始终未曾断绝的文化血脉。这种生生不息的延续力，一方面得益于处于一种半封闭状态的大陆性地域，中华优秀传统文化与外部世界相对隔离的自然环境；同时，具有连续性和稳定的农耕经济和农耕文化的主体地位也增加了中华文化的稳定性、包容性与向心力。此外，政治传统在调整中的接续承继也是其重要条件之一。

（二）经世致用的务实性

中华民族以应天时、尽地力的农耕劳作为主要生活方式，形成了立足实际、勤劳务实、安土乐天的朴素共识，积淀了审时度势、与时俱进的实用经验，凝练了崇实尚行、经世致用、利用厚生的价值取向和"大人不华，君子务实"的人格追求。孔子曾说："富而可求也，虽执鞭之士，吾亦为之。"[1] 这体现的正是中华

---

[1] 孙震.半部论语治天下[M].成都：四川文艺出版社，2019.

民族深植于农耕经济厚实土壤的农本思想在长期的社会生产实践中产生的注重现世、淡化来生、不擅思辨、排斥玄虚的务实态度。以经世致用为导向，中华优秀传统文化具有鲜明的实践指向性。

（三）革故鼎新的创新性

革故鼎新是中国优秀传统文化延续千年而依旧充满活力且不断繁荣发展的核心基因之一。在历史更迭中，观四时运行不息、察万物生长化育，面对"逝者如斯夫，不舍昼夜"的沧桑变化，中华先民对于变通的概念有了更为深刻的理解，追求"苟日新，日日新，又日新"的奋进精神，以及"惟新厥德""进学不已"的积极态度。这使得中华文化逐步形成了善于与时俱进地汲取时代精神要义的发展思维，以及勇于进行自我革新的创新精神。因此，即便在历史演进的过程中，中原农耕文化与游牧民族文化多次发生碰撞，但中国优秀传统文化的传承与发展却未曾中断。面对印度佛教等外来文化的冲击时，中华文化也能够以海纳百川、革故鼎新的精神，主动包容接纳、融合吸收，这本质上就是自我革新精神的深刻展现。正是因为具有这种勇于变革、积极求新的创造精神，才激励了一代代中华儿女在危机中奋起求变、自强不息，推进了民族历史和文化在沧桑巨变中砥砺前行；也正是这种文化基因的传承，才使得中华优秀传统文化成为人类历史上唯一赓续不断的文化财富，至今仍然具有无穷的魅力，为人类发展贡献智慧与力量。

（四）重人轻神的人文性

中华优秀传统文化的人文性是其突出特质之一。中华优秀传统文化关注人自身的存在，以人为中心，主张天地人合而为一，这造就了独特的中华优秀传统文化特质，使其人文精神熠熠生辉。中国传统文化具有鲜明的重人轻神倾向。在中国远古时期乃至殷商时期的人们还存在着对天命鬼神的绝对崇拜和敬畏，但是进入西周之后，随着宗法道德观念的确立，人们就逐步淡化了神学观念。在周代以后的历史中，王权始终是高于神权的存在。同时，鉴于殷商灭亡的历史教训，"重民轻神"的民本思想自周代开始兴起。在传统思想中长期处于核心地位的儒学就高度关注现实中人的生存。在儒家经典中，"天道远，人道迩""敬鬼神而远之""未能事人，焉能事鬼？……未知生，焉知死""制天命而用之"等表述，强调了人的价值、人的力量和生命的意义，展现出以人为本、重人道轻神道的人本主义思想倾向。总的来看，中国传统文化从人与人之间的关系角度出发，确立了人们的行为准则和道德规范，进而开始追求人的完善、人的理想以及人与自然的和谐，体现出了明显的人本精神。

（五）崇德尚善的伦理性

中华优秀传统文化是一种关注人伦、以伦理道德教化为重要目标的伦理型文化，具有浓厚的崇德尚善的道德色彩。贯穿整个中国历史，几乎所有的学说都对引人向善的道德伦理有所论及。各种观点也普遍存在于我国古代经典著作当中。尤其是在经典儒家著作中体现尤为明显，提出了"克明俊德"和"皇天无亲，惟德是辅。民心无常，惟惠是怀"（《尚书·蔡仲之命》）。这说明，在古代社会，明德作为重要原则规范贯穿于社会生活的各方面，中华优秀传统文化处处渗透着伦理道德思想的影响。

第三节 儒道文化的研究及发展

一、儒家文化的研究

儒家思想是我国传统文化的基础内容，包含着博大精深的教育理论和文化资源，具有显著的育人功能。儒家的创始人孔子是首开私人办学先河的古代著名教育家，他在曲阜聚徒讲学，提出过"有教无类""诲人不倦"等教育思想。此后，儒家弟子继承了孔子重视教育的思想，在两千多年的传承与沉淀中，逐渐形成了完善而成熟的教育体系。即使是用今天的眼光去审视，也能感受到儒家教育思想焕发出的巨大价值。尽管儒家思想的目的在于维护封建统治，但事实上我们不能否认它固有的优秀内容，特别是对于当今高校思想政治教育的价值。思想政治教育的主要意义一方面在于培养和提高学生的道德修养，一方面在于提高我国的文化软实力。近年来，尽管思想政治教育取得了巨大的进步，但事实上随着经济社会的发展和社会主流文化的多元化,思想政治教育面临着许多机遇和挑战。辩证地将儒家思想应用在思想政治教育中,不仅可以为课程创新和改革提供新的动力和元素,而且也是对党中央关于"促进文化大发展大繁荣"的响应,既是对传统文化的传承与发扬,也是建设有中国特色文化的必然要求。

(一)儒家思想的形成和发展

中国传统文化的主干是儒、释、道三家思想相融合的结果,其中儒家与道家都较早形成于先秦时期。河南安阳等地出土的甲骨文显示,早在四千多年前,中国大地上的先民就已经能使用大量的文字进行记录。根据对这些文字和青铜器的研究,证明了夏商周时期已经形成了古代社会最重要的两个制度:宗法制度和礼乐制度。西周春秋时期,孔子继承了这些制度,在保留传统天命思想的基础上摈弃了对神鬼的崇拜思想,重视世俗生活,提出"克己复礼""仁者爱人"等一系列影响深远的政治思想,具有浓厚的人文主义精神。晚年的孔子醉心于教育,传说孔门弟子三千,其中贤达者有七十二人。此外,孔子还致力于整理编纂重要的典籍,使得《诗经》《尚书》《周易》等书籍得以流传并成为儒家学派最初的经典。

战国时期,儒家学派一分为八,其中影响最大的是孟子和荀子,他们分别从"性善"与"性恶"两方面展开对人性的探讨。孟子对儒学的发展在于提出了"仁政"思想,荀子则提出"隆礼"与"重法",被认为是儒家学派中相对激进的一派。经历了秦统一后焚书坑儒的文化灾难,汉武帝采纳了董仲舒"罢黜百家,独尊儒术"的建议。为了顺应封建统一王朝的需要,董仲舒在继承先秦儒家思想的基础上,杂糅了黄老刑名学说和阴阳五行理论的新儒学,政治上他宣扬君权神授,提出所谓"天人感应",伦理上则提出"三纲五常",在促进儒家思想向前发展的同时也造成人们思想的禁锢。

宋明时期的儒学经过周敦颐、张载、"二程"的发展,形成所谓的"理学",并在南宋时,经朱熹的进一步完善而到达儒学新的高峰。理学的实质是儒、释、道的融合,讨论的主题是"性与天道"。外化的理被认为是宇宙本源和万物主宰,内化在人心里的理则是"性",也就是儒家一贯强调的"仁、义、礼、智"等品质。南宋的陆九渊在理学的基础上提出"心外无物",认为"心"和"理"是完全对等的,提出"心皆具是理,心即理也"的主张,形成与朱学的对立。明代的王夫之继承了陆九渊的心学理论,他提出"致良知"和"知行合一"的概念,又将儒家学说带上新的理论高峰。

(二)儒家思想的主要特征

儒家思想在历史上长期作为封建王朝的正统思想,其首要特征就是强烈的入世进取精神。相对于道家的山林隐逸思想和释家的空寂思想,儒家入世思想强调个人的社会责任,强调"经世致用"。

其次,儒家思想对于"善"的道德修养有着不懈的追求。儒家崇尚道德修养,有着刚强自健的人生理想,以尧、舜、禹、文王等先代圣王和孔子、孟子等圣人为道德榜样,讲究修身为本,这构成了入世进取精神的基础,所谓"修身""齐家""治国""平天下"。《大学》开篇即是"大学之道,在明明德,在亲民,在止于至善",其后又有"物格而后知至,知至而后意诚,意诚而后心正,心正而后身修"的修养途径,通过这样不断深化的自身修养过程,臻于"内圣外王"的理想状态。

最后,儒家思想以维护封建王朝的统治为己任,它的"正统"思想、"三纲五常"的伦理观固然有维护当时社会稳定、鼓励士人求学上进的作用,但事实上也不可避免地造成了对人们思想的钳制,不利于思想解放和时代进步。

(三)儒家思想的研究目的和意义

1. 研究目的

从汉代开始,逐渐熙攘的中外交流进程中,文化交流取得的影响最为深远。张骞通西域和丝绸之路的开辟,东亚诸邦大量的遣唐使,宋代开辟的海上丝绸之路,明朝的郑和七下西洋的壮举,这些都使得中国文化深刻地影响了世界。

众所周知,中国传统的伦理道德体系乃是脱胎于儒家伦理观。中国自古被称作"礼仪之邦",儒家伦理道德思想为此贡献颇多。

至今东亚诸邦都奉中国文化为宗,以儒家德育思想为重要的道德教育手段。

作为中国封建社会重要的道德规范和思想控制工具,儒家思想在近代长期遭到片面的理解和冷漠的对待。近年来,虽然高校思政教育工作得到长足发展,但事实上对传统文化特别是儒家思想的辩证继承仍有不足。因此,发掘儒家思想中有益于思政教育的成分并使之有机融入教学中,这是高校思政教育发展中所面临的问题。

2. 研究意义

首先,儒家思想是构成我国古代灿烂文化的重要基础,它经历了漫长的发展历程。虽然在近代因其包含封建落后的成分而遭到批判,但事实上毋庸置疑的是儒家思想在当代思想道德教育中依然有无可比拟的价值。将儒家文化融入高校思政教育中,不仅可以给当前的思政教育注入新的活力,而且有利于同学们对传统文化的了解和认识,利于经典和传统的继承与发扬。其次,儒家先哲诸如知行合一、德智统一、学思结合的教育思想,为建设有中国特色的高校思政教育提供了丰富的借鉴和参考价值。

(四)国内外对儒家文化研究的现状

1. 国外研究现状

对于整个东方文化圈而言,中国文化历来是各国学者研究的重点与焦点,各国对于该课题的研究都有不同视点不同层次的成果。除了专业领域的研究,亚洲诸国尤其是韩国、日本、新加坡等,尤其注重将中国儒家思想中的伦理道德学说与国民道德素质教育相结合,形成既具本国特色又有浓厚儒家色彩的道德教育体系。

西方世界对于中国文化的研究也有相当长的历史。不过儒家的伦理道德观迥异于"天赋人权"的西方价值观,而且西方社会历来奉行的"欧洲中心论"思想也制约了西方对儒家思想的认识与研究。近现代以来愈演愈烈的西方信仰危机使得一部分西方学者将视线转移到具有独特价值的儒家思想上。

2. 国内研究现状

《关于进一步加强和改进大学生思想政治教育的意见》出台后,全国高校思政教育工作者和专家学者在不同领域和层面开展了广泛的研究和工作,并取得了显著的成绩。随着"国学热"浪潮的兴起,传统文化特别是儒家思想再次激起众人的研究和学习的热情。尤其是从中国传统文化入手,探究儒家学说对高校思政教育的启示或意义。

(五)儒家文化与高校思政教育结合的意义

1. 有助于弘扬民族精神

精神是文化的灵魂,是全体人民道德风貌的体现。在我国,"民族精神"是本民族的基本素质和共同品格,具有强大的凝聚力和向心力。中华文明经历五千年的孕育、洗礼和沉淀,形成了以爱国主义为核心,以团结统一、爱好和平、勤劳勇敢、自强不息为主要内涵的民族精神。而从这内涵不难发现,它也是儒家文化的应有之义。

儒家文化有着极为丰富的民族精神文化内涵,纵观中国封建历史,历朝历代的统治者,都十分注重利用儒家文化弘扬民族精神。"大道之行也,天下为公""天下兴亡,匹夫有责"凸显了以天下为己任,复兴中华的道义精神;"克勤于邦,克俭于家""民生在勤,勤则不匮",表达了要懂得勤劳朴实,艰苦奋斗的俭约精神;"见利思义,见危授命,久要不忘平生之言,亦可以为成人矣"及"君子爱财,取之有道"展现了个人见利思义、生财有道的契约精神;"老吾老以及人之老,幼吾幼以及人之幼""兴天下之利,除天下之害",表达了要尊老爱幼、同舟共济的博爱精神;"君子和而不同,小人同而不和""致中和,天地位焉,万物育焉",表述了一种尚中贵和的"中庸"精神。总之,儒家文化中丰富的民族精神内涵,对于当代大学生的民族精神教育,具有很重要的启示作用,这不仅有利于在大学生的意识层面加强民族品质培养,更重要的是有助于大学生在言行举止之间,展现本民族的精神风貌和气节。

2. 有助于社会主义核心价值观的培育

首先,儒家文化提供了社会主义核心价值观的思想源泉。儒家文化是以"仁义"为核心的德性文化,把"仁"看作人心,把"义"看作为人处世的原则,主张"仁者爱人""见利思义",认为民众是"不患贫而患不均,不患寡而患不安",所主张的是一种爱国、爱民、和平等公正的价值取向。《礼记》中提出要"敬业乐群",朱熹说"敬者何？不怠慢、不放荡之谓也"。即主张对待自己的岗位要敬业爱岗,要保持对工作的热情。"诚者,天之道也,思诚者人之道也。""君子诚之为贵",就是说,要待人以诚,懂礼貌,要以和为贵,不能在工作中或者人际交往中,不诚实守信。再有就是儒家提倡的办事公道,要无偏无颇,无有作好,无偏无党,无反无侧。这些都为社会主义核心价值观的提炼提供了丰富的理论营养。

其次,儒家文化为社会主义核心价值观的培育提供了理论创新依据。从社会主义核心价值观的内容看,"自由""平等"反对传统文化中男女有别,尊卑贵贱,主张人人平等,并主张通过建立法制来完善和补充儒家道德价值抉择中的"两难问题"。以儒家"民贵君轻"的思想为依据,利用马克思主义群众理论观点,发展了"民本"思想的内涵,既重视以民为本,又主张人民主宰历史的作用。

总之,儒家文化为社会主义核心价值观提供了很多丰富的理论依据。而且儒家文化能够提升社会主义核心价值观的群众影响力和感召力,能够丰富和发展社会主义核心价值观内涵,更好地指导实践。

3. 有助于促进学生全面发展

儒家文化有着追求完美人性、尊崇理想人格的传统。《大学》中提到,"大学之道,在明明德,在亲民,在止于至善",凸显了儒家对"至善人性"的培养。儒家对促进人的全面发展,形成了较为完整的教育体系。以先秦儒家为例,在道德素养方面,以仁、义、礼、智、信、忠、孝、俭、让等一以贯之,在道德技能方面,以礼、乐、御、射、书、数等辅之。在教学宗旨上,以"人人皆可以为尧舜"为目标。后世的儒学家,为了进一步提升人的道德水平,对以孔子为代表的先秦儒家思想进行修正和补充,包括完善教育理论,提出以阴阳五行代表人的品性,实现"天人合一";消除人的欲望,使人的行为符合自然法则,"存天理,灭人欲",以"忠""恕""孝""悌"作为行为准则,进一步规范人们的伦理关系;改善教育主要手段,提出"知行合一",在道德实践中,通过认知事物的本质而"致良知",通过"顿悟"而完善人性。总之,对于促进人的全面发展,儒家文化提供了丰富的理论指导以及路径参考,如果在思想政治理论课教学中加以学习和运用,无疑对当代大学生的身心健康、人格修养,起着巨大的促进作用。

二、道家文化的研究

（一）道家思想的形成和发展

道家思想的形成和发展，可以从以下几个阶段进行分析。

第一个阶段：以老庄之学为代表的先秦道家。这一阶段的道家以老子发轫，至庄子而集道家之大成。

第二个阶段：汉初黄老之学。黄老之学最初形成于战国末年齐国的稷下学宫，至汉初也蔚为大观，进入了它的黄金时期。道家以黄老的形态表现出来，在汉初也具备一些自身的特点。

第三个阶段：汉末的道教。汉末道教的形成是道家发展的一种变态。汉初黄老之学实际上只是一个相当短暂的时期，汉武帝独尊儒术，而后佛教的传入，中国思想文化出现了一个很大的转向，到汉末道教的产生，这些都是具有划时代意义的大事。汉末道教实际上继承了道家思想的某些方面，把老庄、黄老宗教化，并与神仙长生、民间巫术相结合。同时在汉代的文化大背景下，道家也借助于道教的形式得到某种程度的发展。

第四个阶段：魏晋玄学。玄学实际上是儒学与老庄之学的融合，所谓三玄即是指《老子》《庄子》和《周易》。《老子》《庄子》是道家经典，《周易》被称为儒家五经之首。玄学的代表人物何晏、王弼、阮籍、嵇康、向秀、郭象等，都是老庄的追随者，所不同的是，何、王推崇老子，向、郭推崇庄子，而阮、嵇则得老庄那种独任清虚、离尘脱俗之道家精神气质。

魏晋玄学以后，道家的发展仍不绝如缕，至当代还有所谓新道家之说，但相对于先秦汉魏道家而言，既没有出现大的道家代表人物，也未能形成有影响的道家流派。当然道家的精神还是存在的，整理注释老庄之书者代不乏人。

（二）道家学说的精义

《老子》开篇第一句就是"道可道，非常道"，老庄学派的学说就是以"道"为中心观念展开的。老子讲"人法地，地法天，天法道，道法自然"，庄子讲"道"是"在太极之先而不为高，在六极之下而不为深，先天地生而不为久，长于上古而不为老","道"是老庄哲学中的最高实体、万物本源和自然法则,"道"的本性是自然、无为,道法自然、道常无为是道家思想的核心。

老子讲,"道常无为而无不为","无为"是道的根本特性,"无不为"是顺应道之自然特性行为处事的必然结果。

无为是顺应自然的本真状态。老子说:"水善利万物而不争,故几于道。"道就像水滋润万物生长一样,是自然而然的。"圣人处无为之事,行不言之教,万物作焉而不为辞,生而不有,为而不恃,功成而弗居。"(《道德经》)圣人以"无为"的态度来做事,用"不言"的主要手段去教导别人,像道一样任凭万物自然地生长变化而不去干预,生育万物而不做其主宰,促进万物而不自恃有能,成就万物而不自居其功。人所要做的就是"辅万物之自然而不敢为",辅助万物去自然发展,不勉强按自己的意愿去行事。所以,老子主张无欲、无知,"绝圣弃智""少私寡欲""致虚极,守静笃",回复到人原初的自然状态,庄子也认为,"知其不可奈何而安之若命,德之至也"。

无为在政治上的体现,就是无为而治,即"为无为,则无不治"。道家把无为视作最高的政治原则,认为"我无为而民自化,我好静而民自正,我无事而民自富,我无欲而民自朴",反对统治者劳民扰民,横征暴敛,与民争利。汉初黄老之学是道家"无为而治"理论的积极倡导者和实践者。秦亡汉立,立国者正视天下大乱造成的民生凋敝、百废待兴的社会现实,汉文帝、汉景帝等都把黄老之学无为而治的主张作为治国的指导思想,"处无为之事,而行不言之教。清静而不动,一度而不摇,因循而任下,责成而不劳"(《道德经》),施行轻徭役、薄税负等让百姓休养生息的政策,"事省而易治,求寡而易澹,不施而仁,不言而信,不求而得,不为而成"(《淮南子卷九》),开创了汉初"文景之治"。作为一种极富智慧的执政艺术,无为而治也受到儒家的推崇,如荀子反复强调"主好要则百事详,主好详则百事荒""守至约而详,事至佚而功",认为君主选贤任能后,就应该垂拱而治、坐待其成,道家无为而治的政治理念与此不谋而合。

第二章 大学生思政教育概述

青年是国家的未来、民族的希望，因此，国家对他们的思想观念教育更是不可松懈。本章主要从大学生思想政治教育的特征和形势、大学生思想政治课程的建设分析、大学生思想政治教育的内容和目标、大学生思想政治教育的重要性几个方面讲述大学生思政教育。

第一节 大学生思想政治教育的特征和形势

一、高校大学生思想政治教育的主要特征

（一）民族性

民族性对于一个民族、一个国家是至关重要的存在。民族文化是大浪淘沙留下来的精华产物，凝聚了一个民族一代代人民的思想精髓和智慧结晶，随着传播和继承早已融入人民的灵魂中。民族文化造就了不同民族的不同习俗和主要特征，民族性是文化的脊梁，是文化价值存在的基础和前提。弘扬中华民族传统文化也是思想政治教育工作的重要内容，培养高校大学生的民族自尊心、认同感、自豪感，能够有效帮助青年形成正确的人生观、价值观、世界观，从而拥有优良的性格品质。中华民族文化具有悠久的历史和深厚的底蕴，当中阐述的一些思想和理念到今天仍然散发着生机和活力，仍然具有可借鉴性。在中华民族的历史长河中，儒家思想经过了大浪淘沙，承受了历史的筛选，在新时期社会的发展中仍然展现其不断更新的内涵。儒家所支持的忠、孝、礼义、廉耻等人类社会道德标准造就了中华民族的民族精神。经过这些民族精神的洗礼，高校大学生的道德文

化素养可以大大提高，有助于学生成为新时期的优秀人才。

（二）综合性

在探讨人的思想品德形成规律的时候，与其关联的社会因素、人的自身因素、外界因素都可以作为参考的变量，这体现了高校思想政治教育的综合性。因为在实际生活中，人的思想和做出的选择不能用单一标准来判断，社会中存在着很多类型、很多层次的束缚和制约，每一种思想政治教育出现的问题也都有其背后不同的影响源。所以多角度、多方面对学生的行为进行立体、全面的分析，是高校思想政治教育综合性特征的体现，绝不能把一个复杂的人和复杂的情况简单考虑。

它的综合性还体现在要运用多学科的知识进行研究。思想政治教育工作除了在政治理论的指导下进行，也需要教育学、伦理学、心理学、社会科学等方面的知识。马克思主义这门学科，就是对社会和人类极为复杂的综合性讨论总结，要运用其展开教育本身就有很大的复杂性。思想政治教育归根结底还是有关教育的、有关人类的，所以涉及的方面非常广泛。要做到协调不同方面的知识和力量顺利地开展教育也体现了其综合性。

（三）时代性

思想政治教育必须牢牢跟上当代社会的发展节奏，要具有鲜明的时代性主要特征，时代性主要特征在教育内容中有所体现，如当前形势下中国共产党的政策、方针、路线，而上述有关党的理论是如何获得的，在现实生活中又有什么样的应用和依据，这些都是很重要的，思想政治教育也只有融入新时期的理论内容才具有生命力，才更容易被高校大学生掌握。随着改革开放和社会主义市场经济的不断发展，高校大学生的思想、价值观取向与以前相比产生了巨大的变动，受到了前所未有的影响。随着外来信息的不断涌入、人才需求的扩大，青年学生有更大更好的舞台来发挥自己的才能。但同时，世界上不同民族文化的价值观、生活理念随之涌入，形成了思想碰撞，导致了文化和意识领域的丰富化、多样化。而且当前世界信息全球化、网络全球化，也对当代学生思想政治教育提出了新的挑战，学生在生命中遇到的任何一个问题都难以有标准的答案，这使得教育者在给予学生正确信息这方面的权威受到了挑战，这是高校大学生思想政治教育工作需要思考的新问题。时代性特征就是指思想政治教育理论要联系新时期的实际，这就考验了思想政治教育者的理论驾驭能力与结合实际解决问题的能力。只有具备上面所说的品质和能力，对于实际遇到的问题才能有更透彻更有深度的理解，思想政治教育才能达到新的高度。

二、高校大学生思想政治教育面临的形势

（一）国际形势

首先，经济全球化的发展使世界各国的政治、经济和文化都能够进行深入的交流，拉近与彼此的距离，将世界变成了一个能够相互联系和影响的整体。但事实上是，东方国家和西方国家还存在一定的差异性，无论是在意识形态方面还是在物质方面，都体现出一定的区别。

其次，伴随着科技的高速发展与进步，文化传播的速度日新月异，同时新兴的网络媒体与自媒体等也让文化传播的渠道变得更加广泛与便捷。科技的进步让世界各国之间的联系更加紧密，文化的开放程度不可避免地让西方的文化和价值观潮水般地涌入国内，与国内传统文化与价值观进行激烈的碰撞。对高校大学生价值观的形成产生了或多或少直接或者间接的影响。而且新时代高校大学生做为互联网下成长起来的高校大学生，其对文化与价值观念的接受范围也更加广泛，时刻面对文化之间碰撞带来的困惑与斗争，比较容易受到各种不良文化和思想观念的影响而导致盲目推崇国外文化。

（二）国内形势

1. 市场经济体制发生转变

高校大学生的思想政治教育工作在一定程度上来说，是与某些经济基础相匹配的意识形态的工作。近年来，我国经济水平不断提升，社会经济体制发生了较大转变，意识也发生了很大的变化。这样的价值观念冲击，对高校大学生造成了较大的影响，学生们对品德教育的重视程度上普遍低于对知识技能的重视程

度，学生们在学习中很难提升学习的积极性，这成为高校思想政治教育中的一个挑战。

2. 科技发展变化带来影响

随着社会经济的不断提升，信息技术正在飞速地发展，为人们的生活提供了较多的便利。随之而来的是大量的信息传递，网络的发展让信息传递更加迅速，且面积更加广泛。在这样的背景下，高校大学生的思想政治教育得到了更好的技术支持，知识的获得变得更加快捷，但与此同时，庞大的信息量也容易使辨别是非能力较低的学生误入歧途，因此，提高学生素养势在必行。

3. 国家教育方针开始转向

我国的国家教育方针已转向以学生的素质教育为主，这对高校大学生的政治思想教育带来了两方面的影响。一方面，其为我们的教育提供了更多的空间，促进了我们的教学水平的提升；另一方面，其带来的是更加多元化的背景，各类教育目标罗列在我们的面前，我们需要不断地提升自己的教学素养，并且需要正确地区分轻重缓急来实施教育，这对我们的教育来说增加了一定的难度，提出了较大的挑战。

4. 教育工作体系存在问题

在高校思想政治教育的实施过程中，教育工作体系对提升教育效果提出了一定的挑战。思想政治教育要面对的是学校以及教师等方面的教学思想认识和素养等方面的疑难问题，这些也是当前我国高校教育中的弱势所在，对我国的教育起到了一定的阻碍作用。在日常的教育中要重视这样的教育挑战，将挑战转变为机遇，将弱势的教育疑难问题进行有的放矢的改进，积极扭转困境，从而对学生们的学习效果提升起到促进的作用。

第二节 大学生思想政治课程的建设分析

高校思想政治教学是立德树人的主要途径，思政教学的有效实施和践行直接影响到德育目标的完成和马克思主义理论教育任务的完成。

随着社会的进步、文化的时代性进展、信息的国际化，不同国家、民族之间日益增多的交流与融合造成多元思想冲击的局面。这在某种程度上，导致高校学生出现道德观、政治观与价值观错位，给高校思政课教学带来前所未有的困扰与挑战，从而影响高校思政课教学的实效性。再者，教学内容以理论性特征为主等多种原因，致使课堂上经常出现学生玩手机、睡觉、处理私务等行为。目前，高校思政教学正处于融入中国传统文化的尝试阶段，但仍有不少高校思政教师并未采取此举措。

教育改革、教育创新一直是教育工作者的职责和使命。在中国特色社会主义进入新时代的今天，思想政治教学中的很多疑难问题也开始慢慢暴露出来。不只是时代与外部发展变革给思想政治教学带来新的影响，思想政治教学自身也存在一些矛盾。只有矛盾凸显，疑难问题暴露，在疑难问题的解决中我们才能实现新的完善和进步。

一、新时期高校思政教育存在的矛盾

（一）教育模式比较落后

习近平意识形态工作论述是在不断总结我国历届领导集体关于意识形态重要论述的基础上，结合我国实际国情与时代背景的新时代思想产物，充分体现了极具时代特色的创新性和与时俱进的特征。这样的时代性特征于高校而言应体现在教育模式与时俱进。一方面，习近平意识形态工作论述的网络论述表明，网络已经成为意识形态斗争的重要战场。大学生作为时代先锋产品的追随者，必然会受到网络信息的干扰和迷惑。在这样的现实背景下，尽管已有不少高校响应时代的要求，建立起网络思想政治教育平台，但仍然有部分高校疏于网络思想政治教育平台的建设和发展，甚至有部分高校并未感悟到网络教育的重要意义，没能触及该领域，依旧保持传统的高校思政课堂讲授教学模式，教育模式呈现老化，无法吸引学生注意力、激发出学生对思想政治相关内容的学习兴趣。对此，高校应及时反映时代要求，改进其教学模式。另一方面，目前高校思想政治教育课程内容相对独立，思政教育模式还未健全，未能全方位将思想政治教育的相关理论渗透到高校教育教学过程当中。

（二）教学主体发生转变

我国思想政治教学的主体现今正处于一个变革的过程之中。在新时代的教育和社会新的要求促使下，我国教育主体正逐步由思想政治教师向学生主体转变。思想政治教师如何开展教学，如何认识学生、对待学生，这都要体现学生的主体性原则。学生不仅仅是学习的受体，更应该是发挥主观能动性的主体。在思想政治教学积极倡导以学生为主体的大背景下，各学校积极开发新的教学模式以改革取代旧的思想政治教师为主导的教学模式。"翻转高校思政课堂""微课"教学、"慕课"教学等都得到积极地运用。这其中就存在一个"度"的疑难问题。因此，应针对思想政治教学内容的特性、教学科目的特点、学生年龄特点、学习能力等有针对性地进行改进式发展，而不应该盲目仓促开展新的教学模式。

（三）教育对象思想问题多发

当前，高校大学生的思想政治状态主要存在以下问题。

首先，缺乏对思想政治科学理论的真实信仰。根据调查结果显示，大部分学生表示自己对高校思想政治课持积极主动的态度，但由于我国高校的教育体制以及国家选拔类考试大多倾向于应试教育，因而呈现出重智轻德的现象，学生所表现出来的对思想政治教育积极的学习态度，绝大多数是应付考试或修学分，并非发自内心地接受思想政治教育知识，也并非真正信仰马克思主义等思想政治相关科学理论。由于教学模式和教学方法单一枯燥，与实际联系不紧密，造成了学生对思想政治教育相关科学理论"不实用"的心理暗示。加之信仰对象多样以及家庭环境的影响，大学生甚至出现宗教信仰以及伪科学等封建迷信的思想行为。

其次，缺失高层次的理想信念。当前，部分高校大学生囿于思辨能力和知识储备所限，受社会环境的驱使，更多地将自身利益局限于个人的物质利益，将自身的发展游离于国家和民族利益之外，抛弃了对高尚理想信念的追求。大学生实现职业理想的目的是追求更好的自身利益和自身发展，这仅是低层次的自我理想，而并非为社会主义事业的建设贡献力量的伟大追求。

最后，价值观存在偏差。当前，部分大学生受西方思潮而产生的享乐主义、个人主义等负面思想以及在市场经济影响下而产生的功利主义、利己主义等思想，与我国所推崇优良传统精神形成对立，并展开了对大学生思想激烈的争夺战。部分大学生受多元化价值观和思想的影响，出现了奢侈浪费、攀比心理等价值观疑难问题，导致校园借贷惨剧屡发不止；也有部分学生作为学生干部官僚气息过重，思想腐化，为学生服务意识较弱。

（四）教育内容落后

习近平总书记关于意识形态工作论述彰显时代化的特质。对于高校而言，时代化是思想政治教育的内在要求。然而，从教育实践来看，高校思想政治教育在内容上并未真正满足时代要求。尽管当前大多数的高校能够及时传达重大会议精神并及时更新思想政治教材内容，但仍然有部分高校忽视这一工作，导致思想政治教育内容依然是陈旧的理论，没有体现出时代化的特点，学生缺乏对国家新政策及会议精神的正确认识。因此，高校思想政治教师应具有较强的政治敏锐性和觉悟性，将时政内容合理地融入课堂上，唤起学生的学习热情，提升思政教育效果。

（五）教学形式缺乏新意

教学内容的切实贯彻、教学任务的完成总需要一定形式的高校思政课堂或者其他教学方法来实现。近年来学校教育开始注重以学生为主体，高校思政课堂形式的重心开始向以学生交流谈论为主偏移。为激发学生学习动机，学校开始用一些奖品、积分等激发出学生积极的状态，期望以此来激励学生去认真学习知识、提高能力。其中，活动式教学法作为一个比较新的教学主要手段得到很多学校的推崇。但事实上对于活动式教学也是需要注意"度"的疑难问题。活动是激发学生兴趣，引发学生独立动手实践完成任务的主要手段，可是如果在高校思政课堂中活动滥用往往本末倒置，引起负面效果。因此，对于教学形式转变中教学内容和阶段的针对性疑难问题还需进一步完善，关于用活动等新颖形式激发学生学习动机疑难问题也需要进一步探讨。

（六）思政课堂范围狭隘

思想政治教学不同于其他学科的学习，它的教学内容有明确的核心理念，是对某些思想内容的强化和灌输。因而很多思想政治教学中经常会出现设计性过强，局限范围过窄的疑难问题。在全球化的今天，我们越来越受到多元文化与知识的渗透，因此对于思想政治教学的生成性疑难问题应该有一个更合理的态度。

二、高校思想政治教育面临的局限性

当前高校思想政治教育所面临的疑难问题，既包括总体发展方向上的宏观疑难问题，也包括微观建设上的方方面面。只有全面地认清学科在科学化进程中所面临的疑难问题，并不断对已经不适应现实情况的制度和理论予以否定，对前沿理论加以规范和创新，高校思想政治教育学科才能始终具有科学性和实效性。

（一）学科建制水平和质量存在不足

1. 学科建制系统化水平较低

一方面，高校思想政治课程的内容虽然已经基本形成，但事实上学科建制尚不完善，没有清晰的知识体系。高校思想政治教育规律可大致分为宏观规律（产生和发展规律）、中观规律（管理规律、工作规律和过程规律）微观规律（教育规律和接受规律）三个层次，全面把握各方面的规律并加以合理运用，对于促进高校思想政治教育的良性发展具有不可替代的作用。但事实上，当前对高校思政教育知识体系的研究不够深入，缺少对教育规律的研究和应用，三个层次之间也少有联系。另一方面，思想政治理论系统缺乏开放性。所谓系统的开放性，是指系统内部诸要素能与外界进行信息的交流和互换。高校思想政治教育是一个复合概念，无论是在学术研究还是实际应用中都不可避免地与教育学、社会学等其他领域发生联系，与这些相关领域的理论前沿取得交流十分必要，但在目前，这两方面疑难问题还未取得实质性的进展。

2. 社会建制程度有待发展

一方面，高校思想政治教育机构设置缺乏整体性，主要表现为高校思想政治教育的理论研究系统和实际工作系统之间缺乏互动与交流。中国思想政治工作研究会（简称"政研会"）是中宣部领导组织和促进思想政治工作研究的全国性社团法人，政研会的主要职能在于组织思想政治教育理论研究和应用。基于这一职能，各子系统之间应紧密团结在政研会周围，并积极加强交流和互动。然而，高校思想政治教育发展的时间不长，两大系统之间没有形成完善的交流和互动机制，存在着各自为政的状况，此类状况阻碍了高校思想政治教育理论研究的深化，影响了实际工作的有效开展。加强两大系统之间的联系，能够推进高校思想政治教育积极发展，同时增强高校思想政治课堂的实效，具有重大意义。

另一方面，高校思想政治教育制度建设需要进一步加强。首先，尽管已经确立了基本制度，但高校思想政治教育制度体系的完整性和内容的准确性仍然有待提升。举例来说，关于对各高校国际交流生和国内交换生的思想政治教育制度至今空缺。1995年，我国获准成为"国际学生交流计划"的成员国之一，每年可与世界各地60多个国家和地区高校进行人才方面的交流学习。此外，我国于2009年成立了"九校联盟"，国内九所985高校的学生可以申请互相交换学习。这些交换、交流学生也属于高校思想政治教育的受教育者，但事实上，对于他们的思想政治教育，一直没有找到合理的制度参照。其次，高校思想政治教育执行力度相对薄弱。在大学或者研究生时期，学生们的学习任务十分繁重，他们面临的不仅仅是某个专业的知识，还要应付各种水平考试，也有学生面临着就业的压力，很多事情自然不能兼顾。有的学生在本就不甚充裕的思想政治理论课堂上做自己的事情，再在考试前"突击背诵"考试重点。面对这种情况，思想政治教师也只好"放水"，放松对学生的要求，降低考试、考核的难度。

（二）教育主体科学认知不足

1. 高校思政教师队伍建设有待优化

一方面，高校思想政治教育队伍的结构需要进一步的调整和优化。这里的结构既包括教育主体的年龄结构，也包括教育主体的专业结构。就年龄结构而言，当前高校思想政治教育主体的年龄呈现多层次的趋势，不同年龄段的教育者各有各的优势。青年教育者对待工作积极性较高，具备创新思维，与学生年龄差小，相处融洽；中年教育者熟练强干，思维成熟，完成工作的效率较高；年龄较大的思想政治教师德高望重，具有深厚的学术底蕴，在学术研究和人才培养过程中更是不可或缺。但目前在高校中，各年龄段教育主体间分工不明确，教育者的年龄优势得不到最大的发挥。就专业结构而言，高校思想政治课程具有较强的综合性和应用性，所以思政教师在教学指导过程中，不仅要向学生传授理论知识，更要通过科学有效的手段，对学生的价值观、道德规范加以正向影响，做到德育和智育相统一。当前，智育与德育队伍建设有失平衡。作为德育工作的重要内容，对心理健康教育的队伍建设不容忽视，提高对德育队伍建设的关注度，其重要性不言而喻。

另一方面，教育主体的综合素质有待提高。当前高校思想政治教育者的准入要求已相当严格，若论及专业知识水平，绝大多数教育者都是领域内的翘楚，是高学历、高素质的人才，但涉及思想政治理论课的高校思政课堂教学，则是另一门艺术。所以，一般所说的教育主体的综合素质，不仅包括教师的专业知识和技能水平，还包括语言表达能力、组织管理能力、课程设计与开发能力，等等。当前，一部分教育者在从师技能方面理论有余，实践不足。因此，提升教育主体的综合素质，显得尤为重要和紧迫。

2. 高校学生队伍建设存在疑难问题

一方面，部分高校学生的价值观念不明确。"95后""00后"是一个极具时代感的特殊群体，他们生于和平、发展的时代环境下，面临着全球化浪潮的冲击和无法避免的多元文化带来的影响。总体来说，"95后""00后"高校学生的主流意识形态是积极向上的，并带有鲜明的个性色彩。但价值观念现实化、功利化仍然是这一群体不可避免的通病。此外，部分高校学生还存在着诚信观念和合作意识缺失等疑难问题，这些问题要是得不到及时解决，对我国未来新一代青年发展甚至对社会发展都会造成十分严重的负面影响。

另一方面，部分高校学生的某些道德行为有失偏颇。道德行为受道德认知、道德情感和道德意志的调控。如果受教育主体的价值观念出现问题，那么其错误的道德行为就很难避免。加之新媒体的开放性使信息传播的速度大为增加，高校学生的道德意志受到了前所未有的冲击。要解决此类疑难问题，就要通过对学生进行道德教育，使学生树立积极正向的道德认知与道德情感，形成"正能量"，从而坚定学生的道德意志，改善学生的道德行为。

3. 主体之间缺乏互动和交流

一方面，教育主体与受教育主体共处的时间、空间有限。近年来，随着高校不断扩招，高校大学生和高校教师比例随之缩小。身为公共课思想政治教师，各高校马克思主义学院的思想政治理论课教育者要面对的是全校学生。思想政治教师无法兼顾到每一位学生，教育者与学生的交集几乎仅限于思想政治理论高校思政课堂。在有限的时间内要顾及的学生越来越多，分配给每位学生的平均时间也就越来越少。

另一方面，主体之间呈单向授受状态。当前，绝大多数思想政治理论课的高校思政课堂均采用讲授式教学法，这种方法虽然能将知识体系较为全面地展现给学生，呈现出知识的完整性和系统性，但却忽略了学生的主体地位，没有考虑学生对知识的接收程度，错误地将学生置于被动接受的一方。无视学生学习的能动性而一味地讲授，会使其学习的积极性大打折扣，降低思想政治理论课的实效性。尽管在新媒体时代下，部分思想政治教师已经意识到此类问题，并辅之以多媒体手段教学，使思想政治理论课的趣味性得以增加，但仍旧没有摆脱高校思政课堂教学单向授受的状态。因此，只有改进高校思政课堂教学主要手段，注重对学生学习积极性的启发和引导，才能从根本上解决这一疑难问题。

（三）学术研究重理论轻实践

虽然学术研究与行动研究不能混为一谈，但二者绝不是对立关系。一般情况下，高校思想政治教育的学术研究者也是行动实施者，行动研究与学术研究的结合是高校思想政治教育研究方法科学化的前提条件。单方面重视行动研究而忽视学术研究，会使实际行动缺乏理论基础，降低行动的实效性。反之则会使学术研究脱离实际情况，理论的科学性随之大打折扣。当前我们面临的现状是后者。尽管高校思想政治教育处于专业化发展的新时期，但思想政治教育的学术研究方法仍停留在重理论、轻实践的阶段。理论研究者一味重视其知识体系构建，不能很好地将其与实际行动结合在一起。

（四）缺少对教育评价体系建设的反思

1. 评价结果缺乏数据统计

评价指标的多样性导致了评价结果的多重性，每一种评价结果都能够反映思想政治理论高校思政课堂教学中存在的某方面疑难问题。但事实上，未经数据化的评价结果是不具有科学性的，无法加以系统梳理和概括。举例来说，期末考试中，在试卷具有良好的信度、效度和区分度的前提下，计算不同分数区间内学生数占学生总数的比例，能够更清晰地反映高校思政课堂教学的有效性，为日后教学计划的制订提供参考。如果不这样做，仅仅通过试卷评阅得出每一个学生的分数成绩，此次教学评价的结果则是不全面的。

2. 高校缺乏教学评价的激励机制

无论教育者还是受教育者，都需要激励机制去调控教学过程的能动性。当然，我们并不否定教育者的职业道德，但客观上讲，激励制度与教学效率之间必然成正比关系。如果将思想政治教师的考核评估体系与教学评价结果相关联，评价结果较好的思想政治教师能够在物质上和精神上得到肯定，教学评价结果的利用效率将会大幅提升。这样，数据化的教学评价现象才能得到反馈，从而用以参考今后的教学实践活动。

三、教学内容和目标脱离实际

高校思想政治教育大多拘泥于纯理论操作和空洞的说教，只是简单沿袭思想政治教育的教学传统，以培养纯粹理想化的德育模范为目标，教学中也只是片面地注重整体性，对学生的差异性和实际生活关心较少，造成教学与生活的脱离，难以引起学生的共鸣。此外，教学手段相对单一，教学思想相对陈旧，教师自身在教学实践中也缺乏应有的激情，对于新时代大学生对思想政治的诉求关心和理解不够，不仅弱化了思想政治教育的功能，而且容易令高校在校生对思想政治教育产生厌烦和抵触心理。在高校思想政治教育课程中，教与学的整体积极性不高，教学互动也非常少，有的大学生听课的主要动力仅仅是因为老师也许会随堂点名，并且逃课的风气也比较严重。

不仅如此，中国传统文化的精髓在高校思想政治教育中长期缺失是高校思想政治教育中最突出也是最根本的问题。中华文化注重美德，尤其是儒家思想，对于德育十分重视。孔夫子曾说过"志于道，据于德"，认为人们必须"践仁成人"，"仁"是统一"立德"和"立功"两方面的最高道德标准和价值标准。这些内容丰富、思想深刻的理论即使放在瞬息万变的今天也并不显得过时，而且对于高校思想政治教育进行创新和发展具有极高的参考和学习价值。

在高校思想政治教育课程中，马克思主义思想政治教育理论不仅是基础，也是教学的核心内容。道德教育的内涵包括马克思主义世界观、价值观教育，爱国主义教育，公民法律教育等内容。思想道德教育和儒家德育思想有着渊源关系，高校思想道德教育长期处于边缘地位，导致儒家思想为代表的传统文化关于道德教育的理论与成果极少在高校思想政治教育课堂出现，使得高校学生对于传统伦理道德思想长期漠视，忽略了其中的有益成分。高校思想政治教育在进行道德教育实践中，往往以塑造"高大全"式的形象而脱离传统，脱离实际，严重影响了教学目标的实现。在思想道德方面，儒家以"修身、齐家、治国、平天下"为价值取向，追求"天人合一"的理想人格，以"中庸"为至高的道德和评判标准，重伦理，重礼制，有刚健有为、自强不息、积极进取的"入世精神"和"重义轻利"的价值观；而道家崇尚"道法自然"，强调做事遵循自然规律，人与自然和谐相处……这些又恰恰都是高校思想政治教育中未能充分引入的。当前适逢"国学热"大浪的兴起和精神文明建设的大繁荣时期，为积极研究、认真审视儒家思想的有益内核来促进高校思想政治教育工作不断前进提供了有利条件。

第三节 大学生思想政治教育的内容和目标

一、大学生思想政治教育的内容

（一）马克思主义理论教育

1. 马克思列宁主义教育

马克思列宁主义是我们党治党立国的根本思想，在中国特色社会主义现代化进程中具有重要作用。对于马列主义，习近平总书记强调要真学、真懂、真信、真用，并指出："思政课教师只有自己信仰坚定，对所讲内容高度认同，做学习和实践马克思主义的典范，才能讲得有底气，讲深讲透，才能有效引导学生真学、真懂、真信、真用。"① 马克思列宁主义教育是大学生思想政治教育的重要内容，对于大学生的教育不能仅仅停留在表面进行说教，务必内化为学生的真实品格，转化为学生的实践行为。要帮助大学生在社会实践中积极践行马克思列宁主义，并指导大学生更好地认识问题、分析问题和解决问题，在马克思列宁主义的指导下形成正确的信仰，确立正确的人生方向。

2. 毛泽东思想教育

毛泽东同志的思想魅力不仅来源于毛泽东作为新中国的领袖带领中华民族站起来，建立了新中国，也在于毛泽东同志的历史功绩以及他创造的革命建设新道路和新理论。由他带领所形成的毛泽东思想，丰富了马克思列宁主义，也为今天的中国特色社会主义现代化建设提供了宝贵的思想资源数据库。

3. 中国特色社会主义理论体系教育

中国特色社会主义理论体系包括邓小平理论、"三个代表"重要思想、科学发展观和习近平新时代中国特色社会主义思想。当代的大学生是中国梦的见证者、建设者，为了牢固中国特色社会主义的本质，促进国家的繁荣兴盛，要对大学生进行中国特色社会主义理论体系的教育，增强他们的政治意识、大局意识、核心意识和看齐意识。尤其是要加强对习近平新时代中国特色社会主义思想的学习，党的十九大提出习近平新时代中国特色社会主义思想，并将其写进党章，成为全党必须长期坚持的指导思想和行动指南。十三届全国人大一次会议通过的宪法修正案，又郑重地把习近平新时代中国特色社会主义思想载入宪法，实现了从党的指导思想向国家指导思想的转化。习近平新时代中国特色社会主义思想是我们党和国家需要坚定不移地坚持的指导思想，大学生要持久地学习习近平新时代中国特色社会主义思想，更加自觉地为实现中华民族的伟大复兴不断奋斗。

（二）世界观、人生观、价值观教育

1. 社会主义核心价值观教育

党的十八大报告首次明确提出社会主义核心价值观的内容，引导大学生熟知并自觉践行是高校的又一重要任务。习近平总书记强调："青年的价值取向决定

---

① 赵民. 新时代思政课教师政治要强 [N]. 甘肃日报，2021-08-06（06）.

了未来整个社会的价值取向,而青年又处在价值观形成和确立的时期,抓好这一时期的价值观养成十分重要。"① 社会主义核心价值观体现了中华民族的价值追求,凸显了社会主义的本质属性,是基于马克思主义指导下形成的一种新型价值观,立足于中国传统文化,富有中国特色。社会主义核心价值观集共性与个性于一体。社会主义核心价值观不是另辟蹊径,它的价值追求体现着中国人民的价值追求,当前,人们利益多元、思想观念多元,因此社会主义核心价值观的"核心"应是多元的,应体现出人们多元的价值追求。它的价值追求还体现全人类的价值追求。中国与世界紧密相连,中国想要更好地融入世界大潮之中,必须得到更多国家的认同。

在对大学生进行思想政治教育过程中,核心价值观教育始终是其中的重要组成部分,尤其是社会主义核心价值观,对大学生的成长发挥着重要的导向和指引作用。社会主义核心价值观对于大学生来说影响深远,大学生是未来社会的建设者,绝不是旁观者和享受者,大学生只有具备良好的社会主义核心价值观,才能在发展中沿着正确的方向行进。

2. 理想信念教育

理想确立的过程是对自身、对社会的再认知过程,是个人成熟的重要标志之一,有了理想目标,人生才会有方向。理想信念对每个人都至关重要,理想信念对人生是一种内在的、强大的凝聚力,理想指引人生道路,信念决定道路成败,一个人有了理想信念,就会克服重重困难,坚定道路,勇攀高峰,成就人生。如果没有理想信念,我们就会浑浑噩噩度过一生,我们精神上就会"缺钙",就会得"软骨病"。新时代大学生的信仰主要是信仰马克思主义,只有坚信马克思主义,才能树立起中国特色社会主义的自信。如果没有坚定的信仰,我们不会取得新民主主义革命的胜利,我们不会走中国特色社会主义道路,历史证明我们的选择是正确的,改革开放取得的巨大成就更加坚定我们的选择。习近平总书记指出:"广大青年一定要坚定理想信念。"② 没有理想的大学生,难以实现中国梦,难以

---

① 习近平. 青年要自觉践行社会主义价值观——在北京大学师生座谈会上的讲话 [N]. 中国青年报,2014-05-05(01).
② 习近平. 在同各界优秀青年代表座谈时的讲话 [N]. 光明日报,2013-05-05(02).

承担建设社会主义的重任，因此，大学生必须树立远大理想。理想信念具有强大的凝聚功能，中华民族共同的理想信念使全国人民紧密地团结在一起，为改革开放注入强大力量，大学生也要与各族人民在一起，共创美好家园。大学生的理想信念要建立在对科学理论的理性认同上，只有这样，我们才能真诚地拥护党的领导，永远跟党走，大学生有理想，国家才有希望。

3. 家国情怀教育

家国情怀教育在大学生思想政治教育中的作用极为突出，家国教育尤以爱国主义教育为主。进入新时代，高校要抓好爱国主义教育这一课，把爱我中华的种子埋入每个大学生的心灵深处，让社会主义核心价值观在祖国下一代的心田中生根发芽。大学生的家国情怀是增强中华民族凝聚力的基础性工作，爱国主义作为中华民族永续发展的价值瑰宝，在祖国各项事业的繁荣昌盛和全体中华儿女的团结向上过程中始终起到激励作用。纵观中华民族发展奋斗的心路历程，无论处于什么样的历史阶段，爱国主义始终是引领中华民族开拓创新的精神动力，也是我国大学生教育过程中永恒不变的主题。在大学生思想政治教育中融入以爱国主义为目的的家国情怀教育，能够激励大学生树立爱国的意识，将个人利益与国家利益相联系，在重要时刻将国家利益置于首位，对国家忠诚、对党忠心、对社会主义热爱，能够增强对中国特色社会主义的政治认同和情感认同。当前我国处于新的历史背景和时代机遇中，大学生要认真学习马克思主义以及马克思主义中国化最新理论和实践成果，用科学的思想武装自己的头脑，在爱国的过程中明确自己的使命担当，使爱国主义深入人心。

（三）法治教育

法治宣传教育是实行依法治国必不可少的环节，是长期性、基础性的工作，法治宣传能够增强人民群众的法律意识，使人民群众依靠法律手段解决问题、维护自身合法权益。法治宣传有利于构建和谐社会，推进社会主义民主法治建设。法治宣传教育是促进经济发展的内在要求。习近平总书记强调贯彻新发展理念，实现经济从高速增长转向高质量发展，需要以法治为引领。任何活动都需要依法开展、依法办事，我们需要运用法律保障人民群众的合法利益、促进经济稳定发展。法治宣传是构建社会主义和谐社会的重要保障。法治宣传教育是向民众宣传法律，加强民众对法律的认识与认可，增强法律的权威性，有利于法治建设。法治宣传教育是营造法治社会的重要手段，是构建和谐社会的重要保障。法治宣传教育是实行依法治国方略的基础性工作。依法治国是坚持和发展中国特色社会主义的本质要求，是实现国家治理体系和治理能力现代化的必然要求。法治宣传是实现依法治国的基础性工作，因此，只有加强法治宣传，提高人民的法律意识，严格要求各部门依法办事，使人民群众自发地学习法律知识，让人民信法、懂法、用法，才能促进依法治国方略顺利实施。

（四）党史国史教育

习近平总书记指出："全党同志要做到学史明理、学史增信、学史崇德、学史力行。学党史、悟思想、办实事、开新局，以昂扬姿态奋力开启全面建设社会主义现代化国家新征程，以优异成绩迎接建党一百周年。"[1]青年兴则国家兴，我们必须加强对大学生的党史国史教育，加强党史国史教育有利于明辨历史是非。我们必须树立正确的历史观，用史实说话，抵制历史虚无主义的影响，我们要用实事求是的态度对大学生进行党史国史教育，学习中国共产党那段艰难困苦、玉汝于成的历史，提高历史认知思维能力，理性地去看待中国在发展过程中取得的成就与失误，抵制各种错误思潮的影响。只有熟知历史，才能攻破谣言。加强党史国史教育有利于增强道路自信。道路问题关乎党和国家的命运，实践证明，在中国走资本主义道路和中间道路是行不通的，只有社会主义道路才能挽救中国、复兴中国。大学生进行党史国史的学习，更能了解中国人民的选择，更能掌握历史发展规律，增强道路自信，永远跟着党走。

大学生是社会发展的决定力量，是未来中国特色社会主义事业发展的重要群体，在实现中华民族伟大复兴中国梦中扮演着重要角色和地位。大学生群体的政治信仰十分重要，它代表了未来接班人对我国发展等方面、意识形态等方面以及社会制度的尊崇、信仰和拥护，对他们进行中国共产党党史教育关乎民族未来发展的方向，对于坚定不移地走社会主义道路，牢固树立对中国共产党执政的拥护

---

[1] 习近平.习近平：在党史学习教育动员大会上的讲话[J].新华文摘，2021，（4）：1-8.

能够起到良好的促进作用。经历历史的沧桑巨变，新中国如今以更加积极蓬勃的姿态向前发展，通过党史国史的学习教育和宣传，引导大学生开拓视野，对于中国的建设和发展有新的认识和探索，能够增强大学生对于国家发展和民族进步的自信心。思想政治教育应帮助大学生了解国家发展趋势、紧跟时代发展步伐，更好地将大学生的青春理想融入国家发展进程中去，激发大学生的爱国情感，民族气节，激发历史使命感和责任感，帮助大学生最终成长为能够担当民族复兴大任的人，在日常行为中更热衷于将"爱国志、报国行"贯穿于自身发展的全过程。

二、大学生思想政治教育的目标

（一）思想素质目标

要树立正确的三观，在生活中不断锻炼自己尝试运用马克思主义的主要手段进行思考和判断；培养集体至上的三观，批判享乐主义和拜金主义，明确个人利益要奉献于国家利益的思想，对建设富强祖国充满信心和力量，为祖国燃烧才是青春最好的正途。

（二）道德素质目标

以集体利益为最高荣誉，个人利益要服从于集体利益，坚信团队合作的重要性和必要性；吃苦耐劳、勤俭节约，在生活学习工作中做到艰苦朴素，享乐在后；遵守法律，热爱国家，懂礼貌，讲诚信，为人团结和睦；积极进取，思想要具有正能量，用乐观豁达的心态面对生活，对于事业和学习要充满干劲，秉持着严肃认真的态度，能听进各方的意见和建议，吸取批评中的精华，努力完善自己的道德修养。

（三）政治素质目标

对于我国的国史和国情要了然于胸，对于我国传统文化的优秀之处要加以发扬和继承，不忘初心，坚持共产党领导，继承先辈的革命斗争精神和传统，坚决维护祖国统一和团结，将祖国的利益和荣誉放在心中首位。具有献身祖国、报效人民的思想觉悟，坚定拥护党的领导和国家的政策方针，做忠诚的爱国主义者。

（四）法纪素质目标

要致力于弘扬全民民主法治的风气，自发学习我国宪法，能够做到正确行使公民权利，维护公民利益，履行公民义务。要从根本上培养高校大学生的法律意识，教导学生做到自我约束、自我管理，能够运用法律武器做出正确的判断和决策。培养学生的勇气和承担挫折的能力，在内遵守校规校纪，在外遵守社会公德和法律法规，自觉主动帮助维护学校和社会的正常公共秩序，深刻领悟法治社会的建成需要每个人来努力。要让法治变为信仰融入高校大学生的思想道德教育中去，才能让思想转化为实际行动，让法纪素质教育贯穿始终。

（五）心理素质目标

心理素质是一个人心理过程和心理特征的体现，是衡量每个人在情感、意志、性格、行为等方面的综合标准体系。要培养高校大学生形成坚强、自爱的性格，增强他们的抗打击和受压能力，使其具有比较好的自我调节能力，这将有利于高校大学生未来的工作、事业、婚姻、家庭等，保证他们在遇到挫折时可以不丧失勇气和信心，不断努力去改善困境，拥有良好的心态，从而拥有良好的人生。

第四节　大学生思想政治教育的重要性

一、思想政治教育的作用

首先，思想政治教育有助于提升国家文化软实力和建设文化强国。思想政治教育作为文化建设的重要阵地，总是能在增强外在的、有形的硬实力的同时提升内在的、无形的软实力；也能在提高物质生活水平的同时加强精神文化素养；还能在制订具体奋斗目标的同时给予内生动力和信心。

文化因其极强的"渗透力"正潜移默化地影响着人们的生活方式、思考方式、价值观念和行为规范。正是思想政治教育这种绵绵用力、久久为功的特性，决定了思想政治教育的文化功能是提升国家文化软实力和建设文化强国的应有之义。只有通过思想政治教育不断提升大学生的文化自觉自信和建设文化强国的参与度，才能在国际的大舞台上讲好中国故事、传播好中国声音。思想指导实践，考虑到国家的长远发展，文化安全与意识形态安全应是首先解决的问题。因此，思想政治教育文化功能在本质上是指向人的理想自我和社会思想政治教育未来的，它对思想政治教育的发展起着一种引导作用。因为思想政治教育的存在，社会思想不再处于无方向的运动之中，文化也有了发展的方向和动力。此时，思想政治教育文化功能的强大凝聚力和号召力就为维护文化安全和意识形态安全提供了强有力的支撑。

其次，思想政治教育是培育具有文化素养的时代新人的内在要求。"青年兴则国家兴，青年强则国家强。"[1]党和国家对青年一代抱有殷切的期望，青年一代应勇于承担，努力成为能够担当民族复兴大任的时代新人。新时代下思想政治教育的文化功能就是根据社会主义现代化建设的现实需要，在多元文化之中甄别出最适宜我国社会主义核心价值观要求的主流文化，融入思想政治教育的课程之中，以贡献自身的文化价值。鉴于此，思想政治教育工作者应充分挖掘文化资源、创新文化形态、丰富文化内容、提高文化素养、增强文化自信，为我国培育具有高度文化素养的时代新人发挥自身的优势。新时代对思想政治教育的文化功能提出了更高的要求，要求思想政治教育在引领政治导向、牢固政治信仰、提升文化自信、建设文化强国上充分发挥自身优势。一个国家的发展理念是否符合人类社会发展要求，最重要的是看这个国家的人民所蕴含、体现的精神文化特质和意识形态需求是否取得了极大的进步、获得了丰富。而培育具有文化协调理念、文化开放格局的时代新人并不是一蹴而就的，需要经过循序渐进的教育和漫长时间的洗涤，经过思想政治教育进行文化整合与思想引领，方能将沉淀、积攒了数千年的前人智慧凝结转化为高度的文化素养，根植在人们的心灵深处并融入血脉之中。鉴于此观点，培养具有高度文化素养的时代新人这一时代任务显得尤为紧

---

[1] 匡后鹏.青年兴则国家兴 青年强则国家强[J].青少年与法，2017，(6).

迫，而发挥思想政治教育的文化功能正是培育具有高度文化素养的时代新人的内在要求。

再次，思想政治教育是落实高校铸魂育人根本任务的必由之路。高校是实现人身心全面发展和自身超越的社会大环境，离不开文化的熏陶。文化承担着传承、创新思想政治教育课程的重要作用，反过来，思想政治教育课程同样是以其深厚的文化力量来感化人、影响人，以此对受教育者进行思想政治教育的。思想政治教育通过其课程中传递的思想观念、价值体系、行为规范等铸魂育人，培养青年大学生成为社会主义现代化的接班人。文化作为一种广泛存在于生活实践方方面面的精神财富，有着极强的群众性和持续性。而中国特色社会主义中的社会主义核心价值观是对优秀历史文化、积极多元的当代先进文化进行选择、整合、创新之后形成的价值理念和道德规范。依照社会主义核心价值观可以更好地对现存良莠不齐的文化思想有鉴别地加以对待，进行全过程、全方位的育人，以完成高校铸魂育人的根本任务。现代大学制度下，教育的涉及范围已经不再局限于智力范畴，高校开始通过思想政治教育这个课程培养和塑造大学生健全的人格品质。作为特殊的文化教育场所而设立的各大高校，肩负着不同的文化使命。其中，营造和谐积极的文化大环境极其重要，好的校风、师风、学风都具有深刻的感染力，都在时时刻刻地影响着学生的思想、规范着学生的行为，这些隐形的教育往往都可以起到"不言自明"的奇效。因此，思想政治教育的文化功能是落实高校铸魂育人的必由之路。最后，思想政治教育是凝心聚力，增强受教育者文化自信的必然要求。文化自信是一个国家、一个民族的发展过程中更基本、更深沉、更持久的力量。因此，文化自信的培育是全社会、各阶层、各学科的共同任务。其中，思想政治教育课程是文化自信培育任务的重要承载者，这是由思想政治教育课程本身的学科性质和使命所决定的。文化作为一种"软实力"，与思想政治教育的"隐功效"有着异曲同工之妙。两者从本质上来看就极具共通性。两者有机地结合在一起，就可以于无形之中进行精神的建构与人格的塑造。正是思想政治教育文化功能的"隐功效""持续力"决定了它是凝魂聚气增强全民族文化自信的必然要求。

二、思想政治教育对大学生的现实意义

（一）增强大学生克服困难的能力

现在很多大学生在遇到无论是情感层面、人际关系处理层面还是学业就业压力等层面问题时，很容易轻易地向命运低头，不敢抗争而通过选择猥琐退让、逃避来解决问题。

早期共产党人面对封建主义、帝国主义、官僚资本主义三座大山的压迫，面对各种救亡图存运动的失败，仍勇于革命，大胆尝试新的方式去战胜前进路上的种种困难。早期共产党人面对困境，勇于开辟新的革命道路，改变革命现状的精神能够鼓舞当代大学生在面对压力的时候，在觉得现状无法打破的时候，不要轻言放弃，要敢去做、去抗争、去改变，并且在这一过程中要有战胜困难的坚强意志。要有即使失败仍然去进行新的抗争的革命乐观主义，勇于开启改变自己的新"革命"，从而提高战胜自我、克服困难的能力。增强大学生克服困难的能力，是提升大学生能力素质的关键一环，有助于提升大学生整体素质，从而培育全面发展的大学生。

（二）提高大学生的责任担当意识

"担当"在《辞海》中的解释是："承担并负责任；勇于承担责任，有魄力；所承担的责任；承受。"其表现在个人意义上应该是对个体生命、价值负责，尊重生命意义以及充分实现人生价值；表现在社会意义上是对所处的环境承担起相应的责任，对家庭、国家甚至整个人类做全局考量并承担相应的责任。但是，当下有的大学生对未来缺少规划，没有人生奋斗目标，或者好高骛远，没有实干精神，不仅基本的学习任务都完成不了，更忽视对社会实践能力和道德品质的培养，不注重提升实现人生价值的内在条件，没有对自己人生负责的意识。受利己主义、功利主义等不良社会思潮影响，部分学生在与他人利益、集体利益关系处理中，较多地以自我为中心，尤其是当前实现中国梦的进程中，部分青年不能正确认知国家的梦与个人的梦之间的关系，无法承担实现中华民族伟大复兴的历史使命。

新时代要求新担当，中国特色社会主义发展进入新时代要求新时代青年要以实现社会主义现代化、建设社会主义现代化强国为使命，为实现中华民族伟大复兴贡献新力量。但从大学生担当意识的表现来看，他们现有的责任担当感是远远不够的。在对自身负责层面，早期共产党人从不会轻易放弃自己的生命，为了使有限的生命做出无限的事业，在保护自己生命安全上付出了极大的努力，这在某种意义上能使大学生认识到生命的珍贵，体会生命的脆弱，从而更加珍爱自己的生命，为自己的人生负责。在社会担当层面，革命文化中内含的敢于担当精神，是在国家危难之刻敢于挺身而出，有着不畏任何艰难险阻、敢于承担的胆识和气概。这种精神外在于大学生，能为大学生树立起良好的榜样，在情感上振奋心绪，使其不自觉地效仿；而通过一定程度的教化，能内化为大学生自己的意识，使其自觉地产生"天下兴亡，匹夫有责"的责任感，并转化为为实现伟大复兴中国梦贡献自己力量的实际行动。习近平总书记指出："青年一代有理想、有本领、有担当，国家就有前途，民族就有希望。"① 陈独秀、李大钊等人在革命斗争中肩负起了保卫国家的重担，建立了中国共产党，改变了中国命运，而在新的历史起点上，我们仍面临许多具有新特点的伟大斗争，同样需要当代新青年肩负起历史的重任，为实现伟大梦想不懈奋斗。

（三）提升大学生的创新素养

创新是民族的灵魂，是一个国家兴旺发达的不竭动力，也是中华民族最鲜明的民族禀赋。党的十九大强调，创新是引领发展的第一动力，是建设现代化经济体系的战略支撑，并提出加快建设创新型国家和人才强国。创新发展与人才强国始终是国家两条并行发展战略，人才强国战略实施离不开创新发展，人才的塑造离不开创新精神的涵养。但当前学生的创新素质对于建设创新型国家而言是不够的。新时代的学生具有一定的好奇心和求知欲，但是创新的意识和能力无法满足探究的欲望，无法实现理想目标。而且多年的应试教育体制，也束缚了学生的创新思维，学生在实践过程中仍缺乏大胆创新的精神，处理问题墨守成规，没有独立判断的能力，容易陷入本本主义、经验主义和权威定势的

---

① 郭舒然.青年有担当 民族有希望[N].人民日报，2017-10-23（10）.

思维模式中，做不到破旧立新。

大学生的创新素养，包含着自我创新意识、自我创新意志和自我创新人格的培养。中国共产党另辟蹊径，探索符合中国实际革命道路的大胆创新实践能够激发学生敢于质疑、尊重科学的创新意识；中国共产党面临惨淡现状仍大胆探究求索，从不轻言放弃的创新气概能够锻炼学生越挫越勇、执着坚强的自我创新意志。因此，革命建设的开拓创新精神有助于学生养成创新意识强烈、创新信念坚定、勇于创新实践的自我创新人格，提升大学生的自我创新素养。自我创新精神作用于大学生，能够使他们以超越常规和传统的独特的、新颖的方法解决问题，开拓新境界，对于提高人才培养质量具有重大的现实意义。

（四）引领大学生正确的价值方向

首先，思想政治教育是对大学生提供正确价值引领的客观要求。社会存在决定社会意识。从当前国内国际社会的发展状况来看，当今世界和当代中国都处在百年未有的深刻变革中，这种社会客观存在反映到人们的主观思想观念中，必然会产生形态多样、纷繁复杂的思想观点和价值观念。某种思想观点如果能够持续产生较大的社会影响力，就会在一定时期一定范围内成为相对稳定的思想价值观念，由此形成整个社会中多元多样的社会思潮。复杂多变的社会思潮是人类社会不断演进过程中的正常存在，但是在多元并存的社会思潮中，必然有一种占据主导地位、符合统治阶级意志的社会思潮，即主流意识形态，所以各种思潮在社会中的存在状态是"主流意识形态一元主导、各种社会思潮多元并存"。当前，我们必须坚持马克思主义指导地位的同时，时刻警惕西方资本主义国家各种非马克思主义与反马克思主义的错误思想观点、话语和声音对我国社会主义主流价值观的冲击，坚持建设具有强大凝聚力和引领力的社会主义意识形态。大学生是新时代青年群体的重要组成部分，是民族复兴任务的直接参与者和建设者，他们的价值取向决定了我国未来社会的价值取向。由于高中毕业后直接进入大学校园，社会经验和人生阅历有所欠缺，一部分大学生在面对一些社会敏感话题时，处理问题的能力稍显不足，甚至有时会受到一些偏激观点的影响，站在与人民对立的立场上做出错误的价值判断。在此形势下，高校必须在大学生成长的关键时期对其加以正确引导，用正确的思想价值体系引领他们的成长成才和全面发展。这对作为思想政治工作主渠道的思想政治理论课提出明确要求，必须着力解决大学生价值认识模糊的问题，引导学生在批判鉴别中明辨是非，使其辨明社会假恶丑，弘扬真善美。

其次，思想政治理论课价值性的内在要求就是对大学生进行价值引领。思想政治理论课的价值性表现为其中包含着丰富的价值内容，并且课程在坚持马克思主义价值立场的基础上，通过这些价值内容能够对学生进行思想价值塑造，实现对学生价值引导的属性。第一，从现阶段凝聚社会价值共识的角度来看，思想政治理论课程教学是各级各类学校坚持和弘扬社会主义核心价值体系和核心价值观的关键环节。例如，高校本科层次四门主干课程的主要内容与社会主义核心价值体系的四个核心要义高度契合，社会主义核心价值观在其中也有鲜明体现。在青年学生群体中凝聚价值共识、确立价值自信、形成价值自觉，必须强化课程的价值引领作用。第二，在高校范围内，思想政治理论课虽然作为一种学科知识课程而存在，但是它不同于一般的学科专业课程。从一般学科专业课程与思想政治理论课的区别上来看，思想政治理论课的主要对象是大学生的思想观念和品德认识。学生在课堂内外对马克思主义理论的学习，不单单是一种获取马克思主义学科具体知识的过程，也是一种自觉改造自己的主观世界，促使个人的思想品德认识、情感、意志、信念、行为综合形成发展的复杂过程。从以上两个方面来讲，思想政治理论课是极具价值性的课程，坚持对大学生进行价值引领，是课程本身肩负的使命所在。

再次，我国社会主义办学方向要求为大学生提供价值引领。无产阶级政党的思想政治教育活动无疑具有鲜明的无产阶级党性，在我国是为无产阶级、广大人民群众和中国特色社会主义事业服务的。坚持社会主义办学方向是新时代贯彻党的教育方针的根本要求，必须重视强化高校思想政治理论课对大学生的价值引领。

第一，新时代教育坚持社会主义办学方向，就要坚持以人民为中心的价值取向，坚持为无产阶级和广大人民群众服务。新时代，中国共产党的思想政治教育工作牢牢坚持以人民为中心的政治立场，在高校思想政治理论课中则体现为在授课中全面贯彻以人民为中心的发展思想，提高大学生的思想认识水平，使其步入社会的在服务人民的过程中实现个人价值。思想政治教育的这一阶级性和人民性原则，决定了必须强化高校思想政治理论课的价值引领功能，教育引导学生牢固树立以人民为中心的价值取向。

第二，新时代教育坚持社会主义办学方向，就要重视加强对学生的思想建设。我国的根本制度是以马克思主义为指导的社会主义制度，高校作为社会主义意识形态建设的前沿阵地，特别是思想政治理论课作为在马克思主义指导下逐步发展起来的课程，其学科建设和人才培养与社会主义意识形态建设紧密相关。这决定了思想政治理论课作为高校思想政治工作的主渠道，必须坚持把马克思主义理论作为核心内容，增强大学生对马克思主义理论的思想认同与价值认同。

（五）培养大学生艰苦奋斗作风

社会主义转型时期各种矛盾冲突相互交织，使得当前部分大学生奋斗观异化，对奋斗精神存在错误认知。例如，奋斗无用论、奋斗过时思想等。这些错误认知容易将大学生引入没有目标追求、贪图享乐的误区，使得新时代青年被摒弃在时代发展的浪潮中。

先进共产党人早期的实践探索，充分证明了奋斗精神的重要意义。在四面楚歌的旧中国，早期共产党人凭借他们勇于实践的精神传播了马克思主义真理，建立了全新政党，成立了中华人民共和国，中华民族以全新的姿态屹立于世界民族之林，开辟了新世界。中国共产党人在艰苦环境中通过自己的奋斗实现了国家面貌的焕然一新，实现了中华民族发生翻天覆地的变化。共产党人在残酷的实践斗争中，面临的不仅是艰苦的求学条件，更有敌人的暴力残害，但是从未想过退缩放弃，因此，现在的学生更不能因为奋斗过程中遇到的小难题而轻易退缩，不求上进。中国共产党在社会主义革命、建设过程中始终重视实践出真知，在实践探索过程中始终坚持艰苦奋斗精神，因此居安仍要思危，艰苦奋斗精神永不过时。总之，共产党人无惧困难、敢闯敢做的勇于实践精神充分体现了艰苦奋斗的精神意义，将其作为学生思想政治教育的重要精神补给，有助于增进高校学生对艰苦奋斗精神的认同，发扬大学生艰苦奋斗的作风。

（六）坚定大学生理想信念

大学生理想信念教育是大学生思想政治教育内容的核心，也是大学生成长成才的必备品质。为此，习近平总书记多次提出理想信念是大学生精神上的"钙"等形象论述。新时代大学生理想信念薄弱的现状对大学生思想政治教育工作提出了更高的要求。但在实践过程中，思想政治教育重形式而轻内容，课程、活动内容空洞且枯燥，不仅没有起到坚定大学生理想信念的目的，反而使得学生对理想信念教育存在排斥心理。早期共产党人面临多重势力的威逼利诱、多次革命前途受挫的境遇，仍坚定不移地为实现共产主义革命理想而战斗。也正是在革命理想指引下，他们才能无惧一切挫折，为实现心中的理想世界而奉献一切。因此，早期共产党人为实现马克思主义革命理想所彰显的百折而不挠的精神能够为大学生提供坚定理想的精神动力，同时他们为实现理想无惧挫折、永不言弃，不惜放弃一切的努力也宣扬着理想信念的重要性。坚定的理想信念使早期先进思想人士在一穷二白的困境中建立中国共产党，当前世情、国情愈加复杂，社会面临新矛盾的形势下，新时代大学生更要坚定理想，以百折不挠的勇气为实现中华民族伟大复兴的中国梦而持之不懈地斗。

（七）构建大学生良好网络文化

首先，有利于加强网络文化内容净化。大学生思想政治教育在网络文化内容净化的过程中，发挥着自身的文化功能属性，具体而言即文化选择功能与文化传承功能。所谓文化选择功能即思想政治工作者剔除阻碍学生进步的落后文化，选择利于学生发展的先进文化，实现学生个体的良性进步。在网络文化与大学生思想政治教育融合的过程中，主动规避网络亚文化，从而使学生免受不良文化的影响，能够促进学生身心发展。网络传承功能即思想政治教育者对文化的选择主要侧重于传递民族精神与道德观念，将传统文化中的优良品质转化为大学生的自觉道德表现。新时代大学生思想政治教育优化了网络文化内容，使得网络主流文化以我国优秀传统文化与符合社会主义核心价值观的新兴文化为主。传统文化作为网络文化的发展根基，推动新兴文化的创造；新兴文化作为网络文化的发展趋势，巩固传统文化的脉络。二者作为网络文化内容的主力军，共同净化网络文化建设，实现了网络优秀文化的传承。

其次，有利于促进网络文化产业发展。大学生思想政治教育在促进网络文化产业发展的过程中，发挥着自身的经济功能属性，具体而言即经济调节功能。思想政治工作者在净化网络内容的条件下，引导学生积极开拓对网络文化的学习，以学生需求带动网络市场供给，从而带动网络主流文化产业的发展。在网络文化与大学生思想政治教育融合的过程中，由于教师对于学生的正向指引，学生对于网络主流文化的学习需求必然大幅度提升，此时便发挥了文化对于经济的正面推动力，即以精神动力推动社会生产力发展。由于网络文化内容的净化整合，优秀传统文化与新兴文化必将占据网络市场体系，这无形中形成了与此相关的网络文化产业链，与之相关的网络文化产业均得到了发展。综上，思想政治教育催生了大量网络文化产业的发展，既推动了经济发展，又保障了社会主义性质和方向，维护了和谐的网络社会文化与经济环境。

再次，有利于营造良好网络文化氛围。大学生思想政治教育在促进网络文化产业发展的过程中，发挥着自身的政治功能属性，具体而言即政治导向功能，所谓政治导向功能有两方面内容。一是指思想政治工作者在净化网络内容、推动网络文化产业发展的条件下，积极对学生进行社会主义核心价值观、习近平新时代中国特色社会主义思想等先进思想的学习与贯彻，提高学生自我鉴别文化信息能力，并进行相关爱国主义精神教育。大学生作为网络文化参与者，在进行相关学习与思考后，能够树立起符合社会发展的政治舆论导向，从而建立良好的舆论文化氛围。二是指发挥出思想政治教育自身的政治属性，思想政治教育工作者与大学生作为高校思想政治教育建设主体，都肩负着促进社会政治稳定发展的责任，以流通性、传播性较为强大的互联网为体系，以网络文化为载体，以政治教育学习为目的，能够更好地贯彻落实传播主流意识观点的责任，建立起符合社会主义建设的政治观点，从而优化社会精神发展，规范人们的政治言论与行为，进而有益于建立积极的文化氛围。

（八）引导大学生求真务实

社会主义道路是社会历史规律发展的必然趋势。中国共产党立足于中国社会实际，探索出坚定不移走社会主义道路的正确规律，并为社会主义事业不懈奋斗，使社会主义在21世纪焕发新生机，充分体现了革命奋斗精神中彰显的实事求是的重要意义。党的实践证明了只有正确把握社会历史规律，才能取得革命胜利。因此，实事求是的奋斗精神要求当代大学生不能有价值判断上的海市蜃楼，要擦亮眼睛，认清历史发展的必然趋势，认清中国特色社会主义的制度优势，从而坚定制度自信，坚定中国特色社会主义理想信念，做出求真的价值判断。百年前进步青年学生正确判断中国社会发展的历史趋势，在马克思主义指导下，通过艰苦奋斗建立领导中华民族伟大复兴事业的伟大政党。因此，实事求是的奋斗精神要求当代大学生不能有行动上的眼高手低，要做出务实的价值选择。总之，早期共产党人在为理想奋斗的实践中从中国基本国情出发，找到第三条道路，实现了人民解放和民族独立的实事求是精神品格能引导大学生求真务实，帮助大学生正确判断历史发展规律，正确把握中国现阶段基本国情，树立坚定的中国特色社会主义理想信念。

（九）提升大学生道德境界

中国共产党登上历史舞台，从几十人政党发展成为被全体中国人民拥护的第一大党，很重要的原因是早期马克思主义者心怀兼济天下的情怀，展现出关注人们的现实境遇，为全体人民谋幸福的人道主义精神。当前大学生出现利己主义行为，正是因为缺乏为他人着想的道德情怀。陈独秀等早期共产党人十分关注百姓生活疾苦，为群众生活得更加幸福，不惜自己过得艰苦一些。学习更多这样将他人利益放在自我利益前面的事迹，受其彰显的人道主义情怀感染，能在一定程度上降低市场经济条件下大学生过分看重个人利益的影响，提升大学生道德境界层次。另外，培养学生积极的社会关怀意识，也能够帮助学生更好地处理与他人的关系，帮助他人的同时获得自我精神世界的满足。与利己主义相对的，利他主义是人文情怀的重要体现。革命精神所展现出的为他人着想，为集体付出的人道主义精神有利于重塑大学生心灵世界，提升大学生道德境界，培养具有人文素养的高素质人才。

（十）激发大学生爱国情怀

爱国主义是坚定的民族自豪感、民族责任感及民族自信心，是激励大学生为祖国发展不懈奋斗的精神源泉。高校思想政治教育是社会主义意识形态教育，爱国主义教育是其最为重要的组成部分，培养学生的爱国主义情感也是思想政治教育育人目标的第一要务。革命精神是爱国主义教育的重要内容。爱国主义不是空洞的言论说教，而是由无数爱国主义人士的精神凝聚而成。近代革命战争中无数青年学子为革命事业抛头颅、洒热血的敢于牺牲精神，充分体现了肩负民族责任、捍卫民族尊严的爱国主义情怀。一位位为中华民族复兴事业付出自己生命的人，在历史的长河中凝聚成了当前爱国主义的精神内核。

三、思想政治教育对文化自信的现实意义

（一）确立社会主导价值取向

社会思潮是西方资本主义国家传播其意识形态和价值观的主要形式，尤其在当代依托信息化、数字化、智能化的传播载体影响着大学生的价值构建。社会思潮一般代表了某个阶级以及利益群体的利益诉求。当前，兴起于西方的实用主义思潮、拜金主义思潮、民主社会主义思潮以及新自由主义思潮等，以多样化的文化形式在中国传播，并对国内文化市场具有一定消极影响，影响大学生对个人与社会、个人与集体、个人与国家之间关系的价值判断。西方文化思潮的渗透动摇了大学生的文化立场和文化理念，这些立足于个人主义价值取向的社会思潮弱化了大学生对马克思主义的信仰，对当代大学生造成了重大的思想冲击，影响其树立正确的价值观和实践观。高校思想政治教育只有引导学生掌握和运用马克思主义基本观点、立场、方法，学会用马克思主义的视角来认识问题和分析问题，不断提高学生鉴定和辨别西方文化思潮的能力，明确西方文化思潮的本质，才能帮助学生有效甄别和解析实用主义、拜金主义、新自由主义等社会思潮本质，同时又要号召大学生践行社会主义核心价值观，培养大学生树立正确的价值观念和情感倾向，确立社会主义核心价值观的主导价值地位，增强大学生对社会主义核心价值观的认同，凝聚当代大学生的思想共识，从而有效提升大学生的文化自信。

（二）增强文化认同

历史虚无主义通常否定和篡改历史客观事实和历史人物，以及剥离历史背景和环境抽象化评价历史事件，误导大学生对历史的认识。历史虚无主义的重要表现就是虚无中华优秀传统文化和革命文化。一方面，历史虚无主义者主张全盘西化，盲目追求西方文明，将西方推崇的价值观作为"普世价值观"在国内大肆宣传，他们否认中华优秀传统文化，否认中华优秀传统文化对中华民族发展的历史作用及其创新性发展的现代价值；另一方面，历史虚无主义试图通过大肆抹黑历史英雄人物，戏说革命历史事件，弱化人们对壮烈的革命历史以及革命英雄的敬畏之心，试图歪曲人们对革命文化的认识和了解。思想政治教育过程中，教育主导者要引导大学生群体树立正确的文化观念及文化辨别力，同时发挥自身引领作用，主动回击不实文化言论及观点，引导大学生形成正确导向，增强对自身文化的认同感。

（三）遵循本土文化发展规律

不同国家的文化有不同的历史渊源，具有不同的特色，同时也反映着不同的意识形态。国际文化比较不仅能够呈现出不同国家的文化优缺点，还能够从中挖掘出适宜我国文化发展的部分，完善我国文化的发展。高校在开展国际文化比较中能引导当代大学生坚守对本土文化的信仰，将本土文化"守正创新"的发展规律传递给大学生，使其认识规律，尊重规律。首先是要坚持党的领导，保证中华文化在党的领导下稳步发展。党的领导具有科学性和正确性，保证文化发展在党的领导和指引下进行，是本土文化当前发展和未来发展的关键点，确保党对文化工作的领导与决策，才能保证本土文化发展方向不偏离，及时发现文化发展中出现的问题。其次是要清楚文化离不开人民群众，要尊重人民群众的文化创造成果。最后是明确本土文化的发展要不断自我革新，满足现实需要，与新时代同步，不断向世界弘扬中华文化的多样性、包容性。处理好继承传统与发展创新的关系，本土文化才能迸发活力，显露精髓，展现深厚底蕴和时代价值，走出"照着讲"的巨大历史惯性。高校思想政治理论课通过国际文化的比较，能揭开国际文化的"面纱",使大学生群体能够理性认识国际文化,了解其文化本质,增强大学生文化安全意识,在实践中积极践行符合本土文化发展规律的活动。

(四)提高思想道德和科学文化素质

精神是力量、是动力。如若没有精神力量,一个民族就会没有生机,就会走向堕落,注定是落后的、失败的民族。现代化国家的发展一定是精神与物质均衡的发展。把我国建成社会主义现代化强国,不仅仅要在物质上强大,还要在精神上更加丰富、更加坚定、更加坚不可摧。十九届五中全会就指出我国的现代化是物质文明和精神文明相协调的现代化,在"两个一百年"奋斗目标的历史交汇点,只有重视精神的力量、思想的号召、文化的滋润,才能不断建设好社会主义精神文明,提高大学生群体思想道德和科学文化素质。高校思想政治教育主要通过以下三个方面来推动社会主义精神文明建设。一是推进社会主义核心价值观和思想道德建设,引导大学生在理论上掌握其内容,实践上积极践行社会主义核心价值观念。坚定推动党史教育,增强"四个自信",将社会主义核心价值观和"四个自信"成为大学生群体的价值追求和行为准则。二是通过创建文明校园,鼓励展示优秀文化作品和产品,传递正能量,激发大学生内心情感,营造文明校园氛围,增强大学生群体的凝聚力和向心力。三是树立校园模范,发挥模范人物的带头作用,通过树立教师、学生等校园模范,展现模范人物的人格魅力,引领学生树立正确的价值导向,切实提升校园文明程度,提高大学生群体思想道德和科学文化素质,助力文化自信的形成。

第三章 中国传统文化与高校思政教育的关系

中国传统文化中蕴含着丰富的思想政治教育资源，合理运用中国传统文化可以有效提升高校思想政治教学效果。本章为中国传统文化与高校思政教育的关系分析，主要对于中国传统文化的思政教育价值、中国传统文化与思政教育的契合性、中国传统文化发展对思政教育的影响进行一定的分析。

第一节 中国传统文化的思政教育价值

一、中华优秀传统文化是高校思想政治教育的深厚土壤

中华优秀传统文化具有"独一无二的理念、智慧、气度、神韵"，其丰富的优秀精神资源尤其是所包含的道德理念、爱国情怀及人文精神等在高校思想政治教育中具有重要的价值意义。我们要抓住其价值所在，深入挖掘其精髓，将其融入高校思想政治教育全过程，从而，促进高校学生全方位发展，推动高校思想政治教育工作的不断进步。

（一）提升大学生思想道德修养的资源宝库

立德树人作为高校的立身之本直接关系到高校的前途命运，当前我国高校"立德树人"目标的实现仍面临诸多考验。一方面，饱受外在考验，拜金主义、享乐主义、极端个人主义等错误思潮和思想的传播，极大地影响了大学生的价值判断与价值选择；另一方面，面临内在考验，大学生受其自身心理因素影响较大，自身价值观意识、自我判断能力相对不足，易出现道德认知与道德行为错位，从而导致高校思想政治教育工作严重受阻。因此，高校需要从多角度、多方

面来提升学生整体思想道德修养。中华优秀传统文化中"德"之维度极广，是一个包含社会公德、职业道德、个人品德等在内的比较完整的内容体系，它能够为高校思想政治教育工作提供深厚的思想道德资源，为高校立德树人目标的实现提供丰富的传统智慧，从而为解决以上问题发挥固本培元的作用。具体来说体现在以下几方面。

第一，提高大学生的社会公德意识。"礼"作为中华优秀传统文化的核心范畴之一，是礼仪文明的重要组成部分，能够为社会公德教育提供讲文明、乐助人、爱公物、守法律、护环境等基本社会规范的教育资源。同时，在高校思想政治教育中充分融入中华民族优秀的传统礼仪文明，有助于加强大学生礼仪教育，培养具有良好社会公德的合格社会公民。

第二，加深大学生对职业道德的认识。职业道德教育是高校思想政治教育为社会培养德才兼备的高水平人才必不可少的一个环节。传统文化中"业精于勤荒于嬉，行成于思毁于随"的敬业乐业理念、精业济世的职业追求、工匠精神等职业精神，能够在高校思想政治教育培育学生正确职业观和良好职业道德方面发挥重要的资源支持和精神动力作用。

第三，促进大学生个人品德的养成。中华优秀传统文化中"爱人者，人恒爱之，敬人者，人恒敬之""君子喻于义，小人喻于利""言必信，行必果"等包含仁爱观、义利观、诚信观等关于个人品德的论述数不胜数，也有着"见贤思齐""三省吾身"的自我德行修养的方法论。这些都是高校思想政治教育促使大学生在自我规制中形成良好行为道德规范不可或缺的思想来源。

（二）开展高校爱国主义教育的天然素材

爱国主义教育是高校思想政治教育的重要内容之一。习近平总书记强调，"爱国主义自古以来就流淌在中华民族血脉之中，去不掉，打不破，灭不了。"[1] 中华优秀传统文化承载着中华五千年灿烂文明，是国家与民族发展进步的根脉，丢掉传统文化也就是丢掉了历史的根基。它作为中华民族历史的真实写照，蕴含了丰富的爱国主义教育资源，既能为高校爱国主义教育的开展提供生动教材，又能

---

[1] 习近平. 在纪念五四运动100周年大会上的讲话[M]. 北京：人民出版社，2019.

够使其中所包含的爱国主义精神力量充分展现，从而激励大学生培育爱国主义精神、厚植爱国情怀。

第一，能够为高校爱国主义教育提供生动教材。爱国主义是中华民族的优良传统，在几千年的历史长河中，为了国家利益、民族荣辱而奋斗乃至牺牲自我的例子比比皆是，如岳飞抗金、戚继光抗倭等等，其中内含的国民一体、修齐之思、天下为公等思想理念，是对爱国主义的精准折射和高度凝缩。时至今日，我们仍能从中深刻体会到爱国的重要意义，将其作为开展高校爱国主义教育的素材以融入高校思想政治教育全过程，丰富爱国主义教育资源，充分发挥其感染力与感召力，在鲜活的典范之下利于帮助大学生逐渐提升爱国意识。

第二，推动高校爱国主义精神的培育。在中华优秀传统文化中，每个爱国主义的英雄人物都坚持以国家和集体利益为重，忠于国家和人民、注重社会责任的承担，并在赓续传承中形成了以爱国主义为核心的民族精神。正是这种精神力量的充分发扬与展现，才能够推动中华民族在历史变革之中不断前进，使中华民族保持鲜活生命力。因此，高校要培育大学生爱国主义精神，离不开中华优秀传统文化这一爱国主义教育的载体。将其融入高校思想政治教育，深入挖掘其中的爱国主义思想，能让大学生在充分感受传统爱国主义文化的魅力中理解爱国精神，坚定爱国主义信念，真正成为爱国主义的坚守者和传播者。

（三）大学生坚定文化自信的源头活水

大学生文化自信程度如何关系到其理想信念的坚定程度。当今社会文化竞争日益激烈，不同文化间的交流日益频繁，人类文明的优秀文化成果与各种糟粕及错误思潮、思想并存，特别是在高校这一前沿阵地，不同文化的碰撞更加激烈。如果大学生民族文化的认同感不强、民族文化自信动摇，在进行文化选择时就会做出错误的判断。同时，部分大学生的价值判断能力倾向于以自我为中心，甚至盲目追求西方文化中所谓的民主自由及新自由主义、历史虚无主义等，从而忽视了对于中国本土文化特别是传统文化的学习。中华优秀传统文化自信是大学生坚定文化自信的重要内容和基本前提，高校思想政治教育需要通过引导大学生对传统文化的正确认知和与其他文化的比较中逐渐增强民族文化的认同感。

第一，凝聚大学生文化自信共识需要充分发挥中华优秀传统文化之"魂"的功能。"仁爱""民本""诚信""公正""和合"等优秀的思想理念贯穿于中华优秀传统文化的始终，将之与高校思想政治教育有效结合，不仅有助于加深大学生对传统文化精神内核的认识，增强其民族文化认同感，而且还有助于他们学习和践行所包含的精神价值，规范自身行为，自觉做中华优秀传统文化的传承者与发扬者。

第二，抵御西方错误思想侵蚀，坚守文化阵地需要充分发挥中华优秀传统文化之"根"的功能。博大精深的中华优秀传统文化是我们在世界文化激荡中站稳脚跟的根基，它是高校思想政治教育在各种文化交锋中坚定文化自信、抵御错误思潮影响和侵蚀的"精神基因"，将中华优秀传统文化的精髓融入高校思想政治教育不仅必要，且极为重要。具体来说，一是能够满足大学生的思想文化需求，使其认识到各种错误思潮的内在本质，减少学生对本民族文化的消极悲观态度；二是促使大学生能够自觉弘扬传统文化，更加坚定推动中华文化走向世界的决心与使命，真正意识到文化自信是国家、民族发展中的最基本、最深沉、最持久的精神力量。

二、中华优秀传统文化中的德育思想

（一）中华优秀传统文化中的品德修养

中国优秀传统文化内容极其丰富，基本上分为三个方面。

第一方面，是有关民族精神和政治思想的内容，主要针对治国理政方面。例如，儒家学说强调的"仁""德"思想，倡导用教化的方式治理国家，主要思想家有孔子和孟子；道家学说则强调"无为而治"，崇尚遵从事物发展本身的规律，外界不进行过多干预，主要代表人物是老子和庄子；墨家学说强调"兼爱""非攻"，其特点是研究自然科学，如数学、物理（机械）等领域，并将自然科学与墨家思想相结合，代表人物是墨子；法家强调以法治国，对当今法治建设仍有一定影响，代表人物有韩非子和商鞅。

第二方面，是有关个人道德修养的内容。例如，在个人对于国家方面，要有

"天下兴亡，匹夫有责"的忧国忧民的思想意识；在个人与家庭成员的关系方面，要有"父母慈，儿女孝"的和谐家庭意识；在做学问的态度方面，要做到"格物致知"的严谨和"三人行，必有我师焉"的谦逊；在自律方面，要做到"勿以善小而不为，勿以恶小而为之"，从小善小恶中增强自我约束力。这些注重个人品德修养的伦理道德文化内容的具体论述，集中体现了中国人自古对真善美的价值追求，以及海纳百川的宽大胸襟，是中国优秀传统文化的主要内容。

第三方面，是有关人与自然关系的内容，也是古代生态观的重要体现。中国古代思想几经演变，在人与自然关系的理念上受儒释道三家的影响最深。儒家主张"天人合一"的理论，强调人与自然的统一；佛教主张"万物皆有灵"，把大自然的万事万物都看作同人一样的有生命的个人，教化人们不要破坏大自然；道家提倡"顺其自然"，即不刻意地改变大自然，令世间万物按照其固有的方式发展。儒释道三种思想对于大自然的态度都是尊敬和爱护的，虽然质朴，但是这种朴素的古代自然观体现了古代中国人对于大自然的热爱与敬畏。

以上三个方面主要是概括性地说明中国优秀传统文化，其内容远不止于此，在此不一一列举。

（二）中华优秀传统文化中的思想内涵

一是中华传统思想文化成果。中国传统文化的形成和发展大体经历了先秦诸子百家、两汉经学、魏晋南北朝玄学、宋明理学等几个历史时期。中国传统儒家文化包含的哲学、人文等要素集散于中国各民族的思想意识中，时至今日仍然是现代思想道德教育、爱国主义教育的思想来源。"民贵君轻"的思想在封建主义社会一直被儒家学派所推崇，是"以人为本"科学发展观的前身。长幼有序、孝敬老人的伦理道德是我们当前社会所倡导的家庭美德源头所在。我们新时代倡导的爱国主义思想来源于"天下兴亡，匹夫有责"的家国情怀。中国古代发达的精神文明可以引导个人向上向善发展，可以引导社会风气良性发展，可以为新时代领导人的治国理政理念带来启迪。

二是中华民族的所独有的优越性品质。中华民族的精神几经沉淀，选择出独特优雅且具有强大生命力的独特基因，千秋万代经久未衰，成为中华人民的骄傲。随着时间的流逝，时代在进步，中华文化并不是亘古不变的，其独有的优越品质与世界文化水乳交融并兼具特色，让中华民族得以在世界范围内保有东方神韵。

（三）中华优秀传统文化中的德育资源

1. 中华优秀传统文化所蕴含的传统美德

中华传统美德渗透在人们日常生活和社会实践的具体过程中，不论是遵循的素养德行，还是在核心思想理念中展现的道德品质，涵盖的方方面面内容，都可以纳入中华传统美德之列。例如，"和而不同、求同存异"的处世美德，"孝悌友恭、谦敬勤俭"的家风美德，"崇德向善、见贤思齐"的社会美德，"精忠报国、毁家纾难"的国家美德，"天人合一、万物齐一"的生态美德，"苟日新，日日新，又日新"的创新美德，等等，这些中华传统美德涵盖了方方面面，具有鲜明特色和宝贵价值，不断强化人们对中华优秀传统文化的礼敬与认同，成为中国精神的重要构成与丰厚渊源，培育了华夏儿女独特的文化心理与精神品格，铸就了中华民族的浩然正气。

新时代中国共产党经常借助中华传统美德的一些观念来阐明党的方针政策。习近平总书记在考察历史文化名城曲阜时曾指出"国无德不兴，人无德不立"。在家风建设方面，论述了关于新时代传承良好家风家训的目标和任务，弘扬尊老爱幼、妻贤夫安、母慈子孝、兄友弟恭、耕读传家、勤俭持家，知书达礼、遵纪守法，家和万事兴等中华民族传统家庭美德，发挥其育人功能，为新时代的家风建设指引方向。在对共产党员的道德要求方面，中国共产党把"修身立德"与全面从严治党、新形势下的党员修养有机结合起来，赋予"修身立德"新的时代形式与内容——"严以修身"，进而提高党员干部党性修养，并从"君子慎独，正心诚意"中汲取养分，时刻以"慎独"约束党员干部的行为和道德养成。在社会主义核心价值观方面，要使其真正地被人们内化于心、外化于行，就要不断在实践中感知、领悟中华传统美德。尤其是新时代青少年，要以中华传统美德、史诗典故、英雄人物和时代楷模为"体"，学习并传承优秀道德品格，"明大德、守公德、严私德"，注重榜样引领道德风范，自觉抵制不良思想文化。中国共产党关于中华传统美德的论述，充分彰显了中华传统美德的现实价值，为新时代美德塑造提供了实践指南。

2.中国传统文化在当今时代的转化与发展

弘扬中华优秀传统文化，要处理好继承和创造性发展的关系，重点做好创造性转化和创新性发展。要将传统文化创造性、创新性地运用到社会主义现代化建设中，发挥优秀传统文化的现代价值。

第一，着眼于当前社会需求实现创造性转化。与古代相比，当代社会发达的科技和网络条件使人们的生活方式有了极大的改变。要想将传统文化融入社会生活，就要将富有价值的文化内容进行现代化的改造，使其表达方式更适合当今社会。比如，在春节等中华民族传统的节日期间，利用互联网视频的形式向远隔千里的亲朋好友拜年，就是将传统文化中的拜年习俗创造性地转化为网络形式的拜年，既创新了传统文化的传承方式，也迎合了人们的生活习惯与需求。

第二，着眼于长远未来创新性发展。在现代社会中传承传统文化，需要源源不断地展现传统文化的魅力，调动人民群众的积极性，自觉认同优秀传统文化，主动传承优秀传统文化，才能长远地延续其生命力。传承传统文化不能止步于其原有的内容架构和表达方式，而要着眼于延续传统文化的发展，对传统文化的表达形式、内容结构进行拓展，增强传统文化的感染力和感召力。比如，在一些城市的核心商业区或者旅游景区的文创街，如北京的南锣鼓巷、厦门的鼓浪屿、成都的宽窄巷子、重庆的磁器口等，这些文创街创新性地将所在城市的传统文化与当下新潮的文化产品相结合，为五湖四海的游客们展示中国传统文化的魅力，不断增强优秀传统文化在当代社会的影响力。把传统文化和城市文明相结合，要用人民群众喜闻乐见的形式，使现代文化与传统文化的基因相适应、相协调，让人们自然而然地产生兴趣和参与感，从而推动中华优秀传统文化的弘扬。

此外，对优秀传统文化的创造性转化、创新性发展还要立足传统，放眼世界。"美美与共、天下大同"是这一特点的最好诠释，是弘扬传统文化的更高境界。

第一，要坚持传统文化的开放性。中华优秀传统文化不仅要在国内大力弘扬，还应让世界人民都感受到中华文化的博大精深。对此，我国已经有很多典型的例子，如利用奥运会等大型国际比赛向外国友人展示中国传统文化。在2008年北京奥运会时，将汉字"京"换化为运动的人形，将"Beijing2008"的字体设计用汉代竹简的风格表达，再巧妙运用传统印章的形式呈现出来；在会徽"中国印·舞动的北京"的设计中，以汉字文化融入会徽设计巧妙地向世界呈现了中华民族厚重的文化底蕴，把中国传统文化体现得淋漓尽致。

第二，要借鉴吸收外国的文化精华。中国传统文化虽然博大精深，但也不能故步自封，需要在开放中借鉴跨国度的优秀文明成果。人类天生追求美好的事物，优秀的文化是真善美价值观的集成，好的文化需要互相借鉴，彼此进步，才能在交流和创新中走向繁荣。

三、中国传统文化中蕴含的思想政治教育元素

（一）中国传统文化中的"仁""德"思想

中国传统文化历史悠久、内涵丰富，其中不乏道德和德育思想。中国优秀传统文化为思想政治教育提供了丰富的素材。"仁"是《论语》中的重要概念，孔子把"仁"解释为"礼"的精神内核，孔子认为勇敢、忠诚、聪慧等都是"仁"，但"仁"又不仅是这些，"仁"是一个不包含具体内容的概念，孔子认为"克己复礼为仁""仁者爱人"，孔子对"仁"做出了不同的解答。黄慧英认为："'仁'所具备的普遍性不仅不会在应用时令人忽略了实际情况的特殊性，反而正因为意识到每一处境的独特性，从而照顾到这些独特性。"[1]《论语》中的"德"有道德、德行、德性等意义，关于道德，子曰："泰伯，其可谓至德也已矣。三以天下让，民无得而称焉。"[2]德行，广义的德行之行为状态，狭义的德行之道德的行为。德性即道德的品质。孔子认为最高层次的"仁"是超越具体德性的，由此可见，"仁"在孔子思想中占据重要地位，所以把孔子的道德思想又称为"仁德"。孔子认为，我们应坚持不懈地去追求它，要把它作为自己的最高道德理想，孔子认为立足于"仁"，才能拥有"仁德"的品质，只有面对艰难险途也不做违背道义之

---

[1] 黄慧英.儒家伦理：体与用[M].上海：上海三联书店，2005.
[2] 孔子及其弟子著；陈晓芬译注.论语（中华经典藏书）[M].北京：中华书局，2016.

事的人，才能培养出"仁德"的品质。十八大以来，习近平总书记始终把立德树人作为学校教育的根本任务，突出德育在学校教育中的地位。习近平总书记指出："全国高等院校要走在教育改革前列，紧紧围绕立德树人的根本任务，加快构建充满活力、富有效率、更加开放、有利于学校科学发展的体制机制，当好教育改革排头兵。"[①]国无德不兴、人无德不立，我国教育必须始终坚持落实立德树人根本任务，培养出德才兼备之人。创新是一个国家兴旺发达的不竭动力，我国古代圣贤从未停止探究创新的脚步，创新思想被记录在我国文献典籍中。汤之《盘铭》曰："苟日新，日日新，又日新。"[②]商朝开国君主成汤告诫世人创新是一个动态过程，创新的脚步是不能停止的，必须以一种革新的态度推动社会进步。当今世界日新月异，面对瞬息万变的时代，我们只有拥有创新能力，才能跟上时代的步伐，才不会落伍。《易传》更是对创新做出了哲理性的概括，中国现代哲学家、哲学史家张岱年评价道："《易传》的'天行健，君子以自强不息。地势坤，君子以厚德载物。'这两句话在铸造创新精神上起到了决定性的作用。"[③]创新思想流淌在我国古代建筑物、史学典籍中，翻涌在历史的长河中，创造了巨大的文化价值和社会价值。

（二）中国传统文化中的兼容并蓄思想

1. 兼容并蓄的哲学传统

中国优秀文化沉淀着中国人民自强不息的精神追求，代表着中华民族独特的精神风貌，为中华儿女的生生不息、民族的伟大复兴、国家的繁荣富强提供了丰厚的滋养，今天依然是我们推进改革开放和社会主义现代化建设的强大精神力量。"兼容并蓄"是中国文化的优秀传统，具有开放包容、平等共处、协调发展的文化基因与价值优势。自春秋战国时期以来，百花齐放、百家争鸣，各种思想不断涌现，彼此激荡。以孔子为代表的儒家思想家提出了"克己复礼""泛爱众而亲仁"的思想，主张建立以"仁"为中心的"过犹不及""和而不同"的"和""合"社会，强调"君子和而不同，小人同而不和"的人际关系。秦汉以

---

① 习近平. 习近平谈治国理政（第一卷）[M]. 北京：外文出版社，2018.
② （春秋）曾参，子思著；王国轩译注. 大学·中庸（中华经典藏书）[M]. 北京：中华书局，2016.
③ 张岱年. 张岱年全集（第6卷）[M]. 石家庄：河北人民出版社，1996.

后，天下殊途同归，中国进入了封建"大一统"时期。秦人广纳贤才，"西取由余于戎，东得百里奚于宛，迎蹇叔于宋，求邳豹、公孙支于晋"，终得富国强兵。王朝建立之后，"一法度衡石丈尺，车同轨，书同文字"。汉代倡导礼法，德行并重。魏晋南北朝时期，玄学风行、个性张扬，是一个思想解放、兼容并包的时代。此时，佛教开始在中国大面积传播，出现了儒、释、道三教合一的趋势。进入隋唐时期，社会开明、经济发达，在文化领域形成了一种多元文化格局。唐文化的兼容并包不仅仅表现在对待诸多外来文化，诸如京城长安的景教、羌笛、琵琶、胡舞等外来文化元素上，而且兼容并包是唐代文化发展繁荣的一个重要特征。自宋明理学开始，中国哲学思想逐步走向了保守与衰落。程朱理学吸收了历代儒学的思想精华，强调"理一分殊"，使中国儒家思想形成了更加严密的"形而上学"概念体系。自鸦片战争之后，西风东渐，国难当头，诸多仁人志士提出了"中学为体，西学为用"思想，魏源在《海国图志》中提出"师夷长技以制夷"。民国时期，蔡元培先生担任北京大学校长时，他倡导"思想自由、兼容并包"的办学方针，对北京大学的发展影响深远。综上所述，中国传统文化中的兼容并蓄思想经久不息、历久弥新，充分说明中华民族是一个不断学习进步、不断转化创新的海纳百川的民族。

2. 有容乃大的君子人格

"为人处世"之学是中国传统文化研究的重点。《周易》中讲"天行健，君子以自强不息；地势坤，君子以厚德载物"。自强不息、厚德载物的思想，孕育着中华民族的宝贵精神品格，培育着中国人民的崇高价值追求。支撑着中华民族生生不息、薪火相传，使中华文明源远流长，绵延不绝。同时，"君子人格"是儒家思想所追求的为人处世的理想境界。"君子"一词在《论语》中属于高频词汇，一共出现了一百余次，君子人格伴随《论语》的流传而走入国人的心中。中国儒家传统思想文化对君子人格的设定内容丰富而广泛，包括了容貌、德行、学问、才思、情趣等等。其中有容乃大是"谦谦君子"的优秀品格，就是指君子的为人处世要胸襟博大、宽厚仁慈、谦虚谨慎、和而不同、兼容并蓄、博采众长。子曰："君子坦荡荡，小人长戚戚。"就是说做人要像君子一样心胸宽广，视野开阔，从大处着眼，小处着手，而不能像小人一样，心胸狭窄、鼠目寸光、斤斤计较。子曰："君子成人之美，不成人之恶"。意思是作为君子，要帮助好人广做好事，不助纣为虐帮助坏人做坏事。"君子乐见万物生，而不乐见死""小人乐闻君子之过，君子耻闻小人之恶"。子曰："君子泰而不骄，小人骄而不泰。"是指君子为人处世，态度端正、面容舒展而泰然处之，即使是位高权重也不骄傲自满，相反小人往往会志得意满、骄矜傲慢、盛气凌人，很难做到平和坦荡。这些至今依然活在中国人口头的君子格言，已经不同程度地成为中华儿女为人处世的生活信条，成为人们做人做事的价值判断和行为准则。它以习用而不察、日用而不觉的形式影响着我们认识问题的视野、思考问题的角度，规范着我们处理问题的方式，调整着我们与人相处的态度、作风和格调。如同血脉一样流淌在每一个中华儿女的身上。

3. 兼济天下的家国情怀

儒家的"君子人格"重视自我的修身养性，但修身养性的目的是要正确处理个人与他人、个人与社会、个人与国家、个人与天下的关系。《礼记·大学》中讲"古之欲明明德于天下者，先治其国；欲治其国者，先齐其家；欲齐其家者，先修其身……"因此，君子必须具备"兼济天下"的家国情怀，做到"穷则独善其身，达则兼济天下"。这种思想为历代文人学者所推崇。孔子曰："君子喻于义，小人喻于利。"可见君子乐得其道，小人乐得其欲。在《孟子·梁惠王上》中提到"老吾老，以及人之老，幼吾幼，以及人之幼"，意思是要孝老爱亲、尊老爱幼，要推己及人，己所不欲，勿施于人。楚国诗人屈原在《离骚》中讲："长太息以掩涕兮，哀民生之多艰。"倾诉了诗人对人民生活的关切，终因报国无门，秦军入楚，山河破碎，抱憾投江。唐代现实主义大诗人杜甫在《茅屋为秋风所破歌》中写道："安得广厦千万间，大庇天下寒士俱欢颜。"在秋风起、茅屋破，何以安生难以成歌的境遇下，诗人触景生情，推己及人，憧憬广厦万间寒士欢颜。表达了希望变革"朱门酒肉臭，路有冻死骨"的黑暗现实之崇高理想，是诗圣忧国忧民爱国情感的自然流露。宋代范仲淹在《岳阳楼记》中讲："先天下之忧而忧，后天下之乐而乐。"他将国家民族利益置于个人利益之上，将为国担忧、为民分愁放在个人安乐之前，表现出诗人远大的政治抱负和广阔的世界情怀。国家兴衰、民族存亡与每一个人的生计息息相关，面对"国破山河在，城春草木深"的凄凉境况，顾炎武在《日知录》发出了"天下兴亡，匹夫有责"的慨叹。孙中山先生则提出"大道之行也，天下为公"，希望以资产阶级的民主共和替代封建皇帝以国为家、家国一体的专制统治。凡此等等都是"兼济天下"的家国情怀的具体体现。

第二节 中国传统文化与思政教育的契合性

一、高校思想政治教育具有文化属性和文化价值

中国传统文化具有蓬勃旺盛的生命力和博大精深的思想精华，这是它之所以能够载道育人根本所在。思想政治教育是人类社会中普遍存在的教育实践活动，在人类社会的发展和进步过程中起到了影响社会成员使之具有某种特定思想观念、价值取向、政治观点、道德规范的重要作用。可见，思想政治教育活动本身与文化的赓续密切相关。高校思想政治教育中融入传统文化，不仅具备实现的可能性，还具有传承延续民族思想精华的历史意义与启智润心培育青年一代的时代价值。

文化作为一种社会现象，是随着文明进步而发展起来的。中华优秀传统文化同样也是中国屹立世界的象征，是中华民族的突出优势，是我们最深厚的文化软实力，它蕴含着丰富的思想政治教育资源，使其融入大学生思想政治教育成为可能。优秀的文化可以陶冶人们的情操，人们的素质会因为文化的熏陶而变得更高，从而达到提升自身素质的效果。思想政治教育可以利用中华优秀传统文化对人们的思想教育起到潜移默化的作用，使得受教育者接受社会的思想观念。因此，思想政治教育通过对文化的融合、传承、整合来实现对人的教育。

（一）高校思想政治教育的文化属性

教育具有与文化同质伴生的特点：文化对人思想、精神、心理的影响和塑造就是一种教育，而教育实践又是对文化的传递和再造。作为一种指向人的内在世界的教育活动，思想政治教育是向已经具有主观意识的青年学生阐释传播社会

主导意识形态，进而实现引导教化的教育活动。其关键点就在于对其进行思想观念、价值取向、政治认同、道德品质等方面的启示、引导、反思和塑造，而这明显更加有赖于优秀文化思想和文化精神为载体的内在传递。

第一，高校思想政治教育目标蕴含着文化追求。思想政治教育的目标在于通过核心价值理念的传递，使青年一代树立正确的世界观、人生观、价值观，构建有意义的价值世界和精神世界，促进其思想道德素质的提高，实现全面发展，概言之即为立德树人。从这一目标本身出发，可以看出高校思想政治教育的目标中蕴含着丰富的文化内涵和高度的文化追求。以文化人、以文育人历来是塑造人、培养人的重要途径。当前，中国正处于两个一百年奋斗目标的交汇期，文化的繁荣昌盛是建设社会主义现代化国家的重要领域和精神支撑。在这个新的历史征程中，高校思想政治教育在国家发展建设中具有了更加重要的战略地位。一方面，高校思想政治教育应当加强对中华文化历史角度的传承弘扬，理论角度的创新发展，实践角度的汲取运用；另一方面，高校思想政治教育应当着力将千年传承赓续的中华文化血脉注入当代青年的理想与追求之中，用中华文化培育中华儿女，促进时代新人推进文化的不断前进。

育人目标层面，思想政治教育是通过物质、精神等载体向受教育者灌输正确的、主流的、适应社会发展的意识形态，从而提升人们的思想道德水平，引导人们树立坚定的、符合社会主义道路发展的理想信念，从而做出正确的行为，达到统治阶级的要求；中国传统文化是典型的伦理道德文化，孔子倡导以"仁"为核心，先义后利，道德原则第一性，倡导人们都应遵循社会规范和礼仪，注重人与人之间的和谐交往和人格平等，也凸显出传统文化中对人们伦理道德层面的高度要求。因此，二者在育人目标上具有高度一致性。思想政治教育具有鲜明的政治性，而中国传统文化中重视个人、社会和国家的统一，《礼记·大学》中"修身、齐家、治国、平天下"的观点恰恰体现出中国传统文化的政治色彩。综上来说，中国传统文化和思想政治教育都旨在为国家培养政治素养高、道德修养强、综合素质优的社会主义人才。

第二，高校思想政治教育的内容蕴含着文化标识。思想政治教育要培养大学生正确的世界观、人生观、价值观，这些内容的形成与发展是在中华民族文化精神的延续和历史演进过程中不断丰富而成的，根植于民族和国家的历史实践和现实发展需要。因而，只有保持高度的文化自觉，明晰文化身份，用适应时代发展的潮流和趋势的内容引领青年学生的思想，才能产生积极的教育作用。中国特色社会主义文化是其教育内容的文化支撑，更是其创新发展的文化源泉。同时，在当代高校思想政治教育过程中，围绕中国特色社会主义文化开展教育活动既是满足青年一代文化诉求的必然，也是文化发展创新对于高校教育的内在要求。另外，思想政治教育也更多地包含了国际视野的横向比较，通过对其他国家文化的学习借鉴，丰富充实了自身的教育内容。当然，学习借鉴不等于照搬照抄地移植他国的文化内容，而是要结合本民族的文化实际，进行借鉴和转化。中华优秀传统文化与思想政治教育在教育内容层面的契合体现在两方面。一方面是政治角度的切合，也就是传统文化中的"大同思想"与思想政治教育目标中共产主义理想实现的切合。《礼运·礼记》中"大道之行也，天下为公"为我们描绘了一个人人平等、幸福极乐的大同盛世，这种大同思想与思想政治教育中的马克思主义的共产主义理想极为契合，并且这种"大同"思想还为当下人类命运共同体理念的建设和发展奠定了逻辑起点和理论基础，升华了理想与现实的统一。另一方面是辩证法角度的契合。比如，世界观教育中都坚持唯物主义的观点，政治观教育中以爱国主义为核心，这与传统文化中"天下兴亡、匹夫有责"的传承发扬是密不可分的；人生观教育重视理想信念的树立和艰苦奋斗精神的培养，对应了传统文化中的"明于庶物、察于人伦"和"自强不息"；法治观教育中都围绕当下国情，道德观教育中包括家庭美德、职业道德、社会公德、共产主义道德，那么"仁爱"一直是儒家文化的核心观点，我们今天经常提及的尊老爱幼、邻里互助都是从儒家文化发展而来。因此，思想政治教育与中华优秀传统文化的主体内容是相契合的。

第三，高校思想政治教育的方法源于历史文化积淀。在"人文化成"中展开的教育活动，必然形成与特定文化相适应的教育方法。政治教育有很多的方法，有理论教育法、实践锻炼法、咨询疏导法、比较鉴别法、自我教育法等。这些方法相辅相成，其中，理论教育法是运用最为普遍的方法。而中华优秀传统文化的育人作用不是依靠外在的强制力，它是以渗透化的"内化"为主，而非灌输，它在潜移默化中影响着人们的社会实践活动。中华优秀传统文化在长期的道德教育的实践当中，形成了其独特的教育方法，其中最具代表性的就是"言传身教""循序渐进""克己内省""知行合一"等。这些教育方法经过了实践的检验，给高校思想政治教育方法提供了有效的借鉴之处。就如"克己内省"的自我修养方法。克己内省是以一定的道德标准来进行自我反省、约束自我的言行。儒家学派就特别提倡这一道德修养方法，如"吾每日三省吾身""见贤思齐焉，见不贤而内自省也"等都体现了"自省"。高校思想政治教育运用这种克己内省的德育方法，可以充分发挥大学生的主体性，引导他们自我反省与自我约束，从而促进学生健全人格的塑造与高尚道德的培养。回顾历史，在中国古代文化中占据重要地位的儒家文化就在其传承的过程中积累了许多关于教育的方法的论述，如有教无类、因材施教、以德为先、循序渐进、长善救失、顺势而为、禁于未发、相观而善等，在现今的高校思想政治教育实践中依然具有深刻的启示借鉴意义。在革命战争年代，为了使广大人民群众牢牢掌握马克思主义理论武器，坚定共产主义理想，中国共产党运用宣传、鼓动、理论灌输、调查研究等正面教育方法开展早期的思想政治教育，并提出了著名的"生命线"论断，为新中国成立后开展高校思想政治教育积累了方法与经验。伴随经济全球化而来的文化交流互鉴使多样的文化涌入国内，西方国家在道德教育、公民教育过程中所运用的教育方法也进入了国内思想政治教育研究的视野，这些具有鲜明西方文化烙印的教育方法为高校思想政治教育提供了诸多有益的参考。当前，历史文化丰富发展过程中不断积淀融汇到高校思想政治教育的方法在教育实践中发挥着不同的作用，从不同角度提升了思想政治教育的实效性，这也从教育方法的角度再次证明了高校思想政治教育的以文化人的文化属性。

第四，高校思想政治教育中的教育主体和受教育主体同属于文化主体。高校思想政治教育具有的阶级属性和意识形态属性决定了它尤其需要教育者和受教育者之间的双向互动。而文化譬如一大流，个人则只如此大流中一滴水。因此，处于文化浸润的教育主体和受教育主体在围绕哲学、政治、道德、法律等内容进行思想政治活动时，一方面从主体角度反映了思想政治教育的深层文化基础，同时也动态、立体地呈现了思想政治教育蕴含的文化延展中的"人化"与"化人"，揭示了思想政治教育浓厚的人文精神意蕴。"人文"一词最早起源于《周易》中的"文明以止,人文也"。中国传统文化中的"人文"被理解为诗书礼乐、圣人所制订的礼制法度,也泛指人类社会在长时间所形成的生存环境、文化典籍、伦理道德。传统文化中格外注重"人本位"思想,将人的伦理精神视为和动物的根本区别,认为人可以通过自身的主观性和创造性,认识和改造规律。人文精神是中华优秀传统文化中的重要组成部分,它指引着人们的未来发展方向、激励着人们的道德养成、强化着人们的责任担当。由此能够看出,人文精神对思想政治教育工作具有深厚的价值意蕴。一方面,以人为本的理念对当今思想政治教育产生了深刻影响,体现在主导性和主体性相统一的观点中,启示我们开展思政课要立足于人文关怀的视角,坚持以学生为本的理念,选好思政的"食材"和"配方",增强思想政治教育的亲和力。另一方面,和合思想的理念恰当诠释了新时代背景下人与自然之间的关系,体现在人类命运共同体层面。传统文化中的"和合"理念启示我们要维护每一个人的切身利益,与自然和谐相处。

思想政治教育是对教育对象采用一定的文化载体和方式而进行的教育活动,从而帮助教育对象接受和养成符合社会需要的思想道德和行为规范。进入新时代,思想政治教育视域下的以文化人的内涵,在于传承发展优秀传统文化,在马克思主义的指导之下,结合社会发展要求,增强教育对象的文化认同感。中华优秀传统文化为高校思想政治教育以文化人提供理论源泉。文化的化人功能具有潜移默化的优势,能加强高校思想政治教育工作的感染力,从而提升教学质量。中华优秀传统文化是对大学生进行思想道德教育的"好教材",是社会主义核心价值观的重要思想资源,要努力用中华民族创造的一切精神财富来以文化人、以文育人。在以文化人思想的引领下,教育者要注重大学生人格养成,塑造大学生人文情怀,旨在培养集思想、道德、知识为一体的全面发展的人才,使以文化人与以德育人进一步得到充分结合,将高校立德树人的目标实现延伸到中华优秀传统文化的育人现象之中,做到知与行相统一。

(二)高校思想政治教育的文化价值

文化的传承创新离不开教育,这既是文化存续的内在要求,也是文化发展的本质规定。教育是实现人类优秀文化系统地代际传承的核心阵地。

第一，文化传承创新价值。文化传承与创新是文化发展的内在规律。一方面，文化传承是文化积淀的过程；另一方面，文化还具有开放、交融、革新的内驱力，是文化发展延续的灵魂和文化内在生命力的展现。文化延续中这两个相辅相成的方面，在高校思想政治教育中得到了集中体现。区别于指向物质或工具的知识性教育，高校思想政治教育将继承中华民族在精神领域创造的优秀文明成果，以崇高的理想信念激励青年、以深刻的思想理论塑造青年，使他们成为堪当大任的一代新人作为实践旨归，因此，思想政治教育具有突出的文化传承意义。同时，高校思想政治教育为未来的发展储备人才，就必然要在对民族思想文化延续、传播、阐发、弘扬的基础上，积极促进与外来文化、异质文化、新兴文化的交流、碰撞、鉴别、反思，进而根据时代、国家和人的发展的现实需要赋予文化新的内涵，提升文化的再生能力，驱动文化创新的实现，进而更好地实现思想政治教育的根本目标。

第二，文化选择整合价值。在思想教育过程中，不断发挥着文化所具有的塑造人、培养人的功能。高校思想政治教育是促使教育对象成为具有一定道德规范、思想观念等符合社会发展要求的人。高校教育者需要经过筛选和整合适应教育对象发展需要的精神文化内容以及社会主流意识形态观念，并科学有效地传播给教育对象，引导教育对象主动学习和实践，获得正确的理想信念和价值观念，内化为自身的政治认同和文化自觉意识，形成符合社会发展要求的道德规范和行为习惯，从而促进高校教育对象全面发展。此外，教育者需结合思想政治教育理论及教学活动，通过筛选、加工、创新原有的文化内容与形式，赋予其新的时代精神内涵。通过这一系列过程提高人的总体素质，达到人的全面和谐与充分自由的发展，这就是其所具有的文化功能。在文化延续过程中选择何种价值观进行传递，直接决定了社会与人存在和发展的方向。高校思想政治教育旨在使青年一代能够在有限的时间里掌握思想文化精髓，踏着前辈的足迹开创新的历史，就必须对多样的文化进行选择与整合，将科学先进、符合未来发展方向、具有恒久生命力的思想文化精华、理论理念等融入思想政治教育内容之中，促进思想政治教育目标的实现。因此，高校思想政治教育的实践即是对中国传统文化的筛选与构建。高校思想政治教育对于文化的选择整合，不仅包含对本民族文化精神纵贯历史的采撷，也包括对其他民族优秀文化的横向比较与借鉴吸收。对文化的选择整合不仅要关注文化内容的凝练塑造，还必须注重对文化中内涵的哲学精神、文化思维、文化类型、文化传递模式等各个方面的澄清、辨析和调整。在高校思想政治教育过程中，曾经随着不同时期文化的演进而在科学理性、工具理性和人文精神中产生偏向，受到过主客二元对立思维的影响，在理论场域、政治场域和生活场域陷入困境，等等。伴随文化自觉、文化认知、文化理性的不断提升与超越，高校思想政治教育在不断的探索中一次次校正文化思路，不断开拓新的路径，扩展文化视野，从而更好地实现了其自身的文化选择和整合价值。

二、传统文化与马克思主义具有一致的开放性

传统文化和马克思主义理论所具有的开放性特质为两者的融合提供了必要条件。

作为高校思想政治教育的指导思想，马克思主义是否具有开放包容的理论品质，对于中华优秀传统文化能否深入融入思想政治教育具有重要影响。从内容上来看，马克思主义从产生伊始就是在充分吸收借鉴人类历史上积淀的自然科学和人文科学成果。从时间上来看，马克思主义自诞生之日起就从不宣扬自己是绝对真理，相反它总是强调要将这一理论视为方法而不是教条，因而，尽管马克思主义已经诞生一百多年，世界已经发生翻天覆地的变化，但马克思主义的理论依然历久弥新，不断给予世界深刻的启迪。马克思主义产生了巨大的吸引力和感召力，为世界各国追求独立和解放的人们提供了科学的世界观方法论，在世界范围掀起了社会主义运动的浪潮，它所提供的科学的世界观和方法论，使它能够始终充满蓬勃生机，像蒲公英在包括中国在内的世界各地传播真理，以强大的理论力量，为谋求解放和独立的各国人民赋予革命的武器。

中国传统文化的开放性使得博大精深的中华文化不断延续传承，塑造了人类思想的一座座高峰。中国传统文化的生生不息与其自身具有的包容性、开放性的特征密切相关。中华优秀传统文化的包容性主要表现在以儒家为代表的开放多元的文化理念，"君子和而不同""天时不如地利，地利不如人和"等思想，都集中体现了儒家主张开放多元的文化理念。基于包容的文化思想理念，使儒学思想

集大成，不断发展壮大绵延至今，仍对当今社会产生深刻影响。中国传统文化在发展中秉承开放包容的态度，坚持以我为主、为我所用的原则，取长补短、兼收并蓄，在保持自身优势和主导地位基础上，主动吸纳外来文化的优秀成果与自身文化融会贯通，不断丰富和发展自身文化内涵及体系，赋予中华文化蓬勃生命力，成为培育与涵养本民族精神的优秀文化。中华优秀传统文化在社会变化和发展中，通过主动吸收时代优秀元素，丰富提升自身内容，不断实现自我更新、自我完善，以适应时代和社会发展的需要。从古代文明的探究阶段，到当代文化的实践过程，中华优秀传统文化随着历史更替逐步革新和发展，是其更新、进步、焕发新生的过程，是中国传统文化在历史更迭中通过主动吸收消化，实现自身文化革新的过程。中华优秀传统文化发展是一个不断变革与转化的过程，其所具有的强烈自我革新精神，正是创新发展我国高校思想政治教育工作的强大动力。首先，这种开放性表现为文化自身内在思想理念的高度活跃性，这是因为它打破了作为成熟的文化系统而趋于封闭静止的束缚，而始终保持顺应变化、吐故纳新的开放性思维，成为一种兼容并包的动态文化。以儒家文化的发展为例，中国古代的儒家文化作为一种理论化的意识形态，并不是抽象、静止不动、一成不变的，而是具体的、流动的、不断与时俱进的动态发展过程。正是因为这一特点，儒家自身才能形成优秀的文化，才能从一家之说到文化主体，再到文化正宗，一步一步地成为中华文化的主导与核心。在中华文化中，儒家优秀文化蕴含的价值理念及社会哲学贯穿于中华民族的思想意识和心理品质，能维系中华民族数千年绵延不断，凝聚起强大的民族向心力。因此，即便时间推移，时代变化，但对其传承不能停止，要把儒家文化的优秀部分一代一代永远传承下去。儒家文化，体现了伟大的中华民族精神，反映着积极健康的精神追求，它具有增强民族认同感和凝聚力的作用，能激励中华儿女不断奋勇前进，开创更加美好的未来。其次，这种开放性也表现为对外来文化的高度容纳性。几千年来，中华文化先后与不同文化进行碰撞与交流，往往在主动影响、交流借鉴、吸收融合的过程中以其海纳百川的胸襟改造外来文化，并变成中国传统文化的一部分，实现了自身的充实创新与持续发展。正是这种开放性，传统文化在面对近代以来外来文化的猛烈冲击时，依然能够从低潮中崛起，赓续思想精华，重获旺盛的生命力。特别值得注意的是，新时代中华优秀传统文化经过理论与时代的改造、洗礼，在马克思主义中国化的探索与实践中获得了新的内涵，也再次焕发了蓬勃的生机和活力。

三、中国传统文化与马克思主义间的紧密关系

马克思主义作为科学的理论体系和有力的思想武器，是党和国家各项事业的指导思想。中国传统文化形成和发展的基础是封建的以宗法制度和血缘纽带为框架的阶级社会，因而，其内在的价值理念、等级秩序和人伦关系等决定了其无法超越自身实现引领社会变革。这也深刻解答了为什么在马克思主义传入中国之前，近代以来心系民族危亡的仁人志士无法运用充满治国理政智慧精华的优秀传统文化挽狂澜于既倒，扶大厦之将倾。只有掌握并运用科学的理论武器，才能唤起民众的价值觉醒，才能找到实现民族独立、人民解放，创建社会主义国家的正确道路。换言之，只有将具有革命性的理论作为指导思想和行动的武器，才能找到一条实现中华民族伟大复兴之路，引领古老的中国开创新的历史篇章，实现不断地飞跃。由此可见，以马克思主义作为党和国家的指导思想，是理论逻辑、历史逻辑和实践逻辑的统一。马克思主义文化观与时代发展同步，体现着时代性与进步性。文化形态随着历史条件改变，社会文化往往表现出与社会形态相适应的状态，当然在一定条件下也会超越于一定的社会形态。二者是相互促进和不断变化的过程。比如，资本主义私有制与之产生的是利己主义文化形态，社会主义公有制下产生的是人民大众的文化。由此可知，文化与社会发展相互促进，同步发展，折射了一定形态的变化，反映了人们的需求，这是文化的时代性。马克思主义文化是一种不断自我更新的文化，只有大胆吸收一切优秀文化养分创新发展，才能具有生命力，这充分体现了马克思主义文化的进步性。文化的发展是一个从低级到高级的发展过程，由不完善到逐步完善的过程，其中，中国先进文化是最富有代表性的部分。中国共产党既是中国先进文化的代表，又是促进文化发展的有力推动者，不但促进了先进文化的发展，而且引领了先进文化的方向。因此，时代性与进步性是马克思主义文化观的基本特性。在对文化问题的研究过程中，马克思始终坚持正确的价值导向和科学性原则，认为文化产生的现实根源不能脱

离人的生产实践。马克思文化思想更多体现了无产阶级革命的文化思想,是马克思在指导无产阶级革命运动中产生、发展和逐渐走向成熟的。因此,马克思主义文化思想建立在人民群众基础之上,体现了其科学性与民族性的统一。文化是民族最集中的反映,是文化发展的集体象征,文化的民族性在马克思主义中国化过程中逐渐得以体现。马克思主义传入中国后与中国实际相结合,形成了中国化的马克思主义。高校思想政治教育的理论与实践创新,依然离不开马克思主义立场、观点、方法的指导。只有坚持马克思主义的指导地位,才能以科学的态度看待民族历史文化,树立正确的优秀传统文化评价标准,找到传承发展优秀传统文化的正确方法路径。从中国革命建设改革的历史视角出发,中国传统文化为马克思主义中国化提供了丰厚的文化沃土。将马克思主义同中国具体实际相结合,是党带领全国人民实现站起来、富起来、强起来的伟大社会变革,形成毛泽东思想和中国特色社会主义理论体系两大理论成果的重要前提和主要经验。作为中华民族的文化遗产,优秀传统文化对中国人的思想观念、民族性格、语言表达、生活方式等均产生了深刻的影响。马克思主义在中国大地上落地生根,就要根植于民族历史文化的沃土。马克思的科学性也正体现在其真理性与开放性的统一。马克思主义的科学理论是一种方法不是条条框框,是一种处在不断发展中的理论。而马克思主义中国化的理论成果与实践经验,一方面为高校思想政治教育发展提供科学的理论指导,另一方面也是培育当代青年学生形成坚定理想信念、正确政治认同、历史认同、文化认同的重要内容。这意味着,高校思想政治教育既要坚持马克思主义的指导地位,也要充分发挥优秀民族历史文化的支撑作用,提高思想政治教育的实效性。

四、中国传统文化对高校思政教育的各方面影响

思想教育是整个教育体系中不可缺少的一环。高校的思想教育与小学、初中所做的思想教育不同,高校学生都已经是成年人,因此更多的是启发引导的作用。传统文化的引入可以实现民族精神在思政课程中的渗透,以便更好地传承和发扬。

(一)提高大学生整体素质

儒家是中国传统文化主流思想之一,儒家倡导的"仁、义、礼、智、信",涵盖了儒家文化的精髓。高校思政教师在进行思想教育的时候,可以尝试将这五个方面进行合理的融入。高校大学生虽然之前经历九年义务教育与三年的高中生活,但事实上学生生活相对封闭,步入高校后,才会真正接触到社会中形形色色的人,经受各种各样的诱惑,对此,要在学习生活中保持住自身的一份正义,而儒家思想的处世之道便是让学生洁身自好,以理服人,在这浮躁的社会中沉淀自己。儒家思想《大学》中曾提出"诚心、正心、格物、致知、修身、齐家、治国、平天下",其整体的人生观价值观符合当下的社会发展需求,可以培养大学生独立、自强、慎独、自尊的人格。

(二)为高校辅导员的思想教育工作指明方向

孔子认为,教育面前人人平等,有教无类。现如今的高校思政教师以及辅导员进行思想教育工作时也应该遵循这一点,不能对任何学生有所歧视。高校的招生面向全国各地,天南海北的学生汇聚一堂,其地域、思想、习惯都具有差异,高校应该正视这些差异,在进行教育时应尊重每一位学生,给予正确的手段方法。

(三)提高高校思想教育的质量

高校思想教育的质量是每位思政教师以及辅导员所重视的工作,而儒家思想中的因材施教可以有效提高教育质量,道家所提倡的遵循自然规律同样告诉我们在育人过程中首先要了解学生的认知和心理发展规律。作为高校思政教师以及高校辅导员,必须具有较强的责任心,对于思想教育,要注意主要手段方法,对于不同的学生要实施不同的方法,针对不同性格、爱好、能力的学生采取不同的教育手段。要通过引导等手段让学生能够自己领悟,而不是被动地接受。教师如果能够对不同的学生给予不同手段的点拨,往往可以起到事半功倍的效果。

第四章 中国优秀传统文化与高校思政教育的融合

本章主要对中国优秀传统文化与高校思政教育的融合现状展开研究。内容包括中国优秀传统文化融入高校思政教育的现状、中国优秀传统文化融入高校思政教育的可行性、中国优秀传统文化融入高校思政教育的意义、中国优秀传统文化融入高校思政教育的途径四个方面。

第一节 中国优秀传统文化融入高校思政教育的现状

一、中国优秀传统文化融入高校思政教育的特点

(一) 时代性

1. 培育大学生社会主义核心价值观

社会主义核心价值观从不同层面对我国的价值取向与道德目标做出了高度概括与深度凝练。社会主义核心价值观的涵养与培育,并非单单是某个人、某个机构或某个团体的任务,而是每个人的共同责任。经过几千年的洗礼和发展,优秀传统文化更加具有稳定性和传承性,它的传承性体现在每个中国人身上。推动优秀传统文化与思想政治教育协同发展、相互促进,对涵养大学生的社会主义核心价值观意义非凡。

作为中华民族时代文化的产物,社会主义核心价值观属于文化意识范畴,其发生和发展无疑是植根于我国优秀传统文化之中的。习近平总书记对我国传统文化的发展倍加重视,多番强调扎根于优秀传统文化是涵养、培育核心价值观的首

选路径，强调"引导广大师生做社会主义核心价值观的坚定信仰者、积极传播者、模范践行者"①。实现思想政治教育与优秀传统文化的协同发展，是新时期培育社会主义核心价值观的重要途径。积极汲取优秀传统文化的丰富养料，深入挖掘优秀传统文化的强大思想政治教育功能，是开展社会主义核心价值观教育的应有之举，也是青年学生增强文化素养，进行自我完善的内在要求。

2.提升大学生的公民道德素质

在中西方思想文化交流碰撞的背景下，弘扬中华优秀传统文化有助于强化大学生对我国优秀传统文化的认知，坚定社会主义核心价值观，不在思想潮流中迷失自我，提升大学生的公民道德素质。

中华优秀传统文化是涵养社会主义核心价值观的重要源泉，中华优秀传统文化中蕴含丰富的道德理念，其中关于人格培养、诚信、孝悌、礼仪、爱国等理论，为大学生个体公民道德素质的建设指引了方向，而关于和谐社会的创建、平等自由、公正法治等的相关理论又为大学生公民道德素质的建设提供了培育社会大环境的理论依据。可见，中华优秀传统文化是我国文化建设的精神源泉，为培育大学生公民道德奠定了坚实的文化根基。对中华优秀传统文化的深入挖掘，可以有效拓展大学生公民道德素质教育的资源，为大学生公民道德素质的建设提供更加广泛而完善的教育内容，并能够结合时代特点进行调整，使其更加贴合现实需要，有助于促进大学生公民道德素质的提升。

3.激励青年学生实现中国梦

只有一个有梦想的民族，才可能有光辉的未来。中华民族的梦是由每个中国人的梦汇聚而成的伟大复兴梦，没有中国共产党全心全意为百姓立命的初心，没有全国人民为之奋斗的决心，没有优秀传统文化的传承和弘扬，中国梦就不可能会实现。文化是历史发展的生命线，是国家进步、民族团结的生命线。作为中华民族的根基和命脉，优秀的传统文化无疑是实现中国梦的精神支柱。

中国传统文化积淀深厚、源远流长。若完全抛开历史、丢弃传统，我们将会失去民族根基、道德支柱，甚至失去精神命脉，这于国家发展、民族复兴而言无疑是深重灾难。

---

① 习近平.在北京大学师生座谈会上的讲话[J].重庆与世界，2018，(10).

当下，我们致力于建设社会主义现代化强国，实现民族的伟大复兴，离不开历史基础、离不开优秀传统文化。立足新时代，实现民族复兴，必须要以优秀传统文化涵养中国梦，让"崇正义、尚合和、讲仁爱、求大同、明礼义"等优良传统成为实现民族复兴的根基和支柱。作为历史的显著基因，优秀的民族文化总是在民族的血液中涌动，随时代激流而奔涌、喷泻。

（二）传承性

"立德树人"不仅是中国古代源远流长的教育理念，也是新时代开展教育的内在要求。数千年来，传统文化历经时代更迭、王朝交替，但"立德"这一核心却始终如一。思想政治教育作为开展一切工作的生命线，也是培养大学生正确政治观、道德观及思想观的主课堂，优秀传统文化经过几千年的发展凝练，其中的爱国主义、自强不息、厚德载物、忠厚务实等精神无疑是开展思想政治教育的精神养料。

1.民族精神为大学生爱国主义教育提供养料

作为民族的根基与命脉，民族精神是爱国主义教育的基础，是中华民族绵延至今，自立于民族之林的精神支撑。作为爱国主义教育的理论基础，传统文化中崇高的民族精神无疑为大学生爱国主义教育的开展奠定了基础。

历史发展证明，一个国家、一个民族要想在世界舞台占据重要地位，发挥重要作用，不仅需要雄厚的物质力量，同样离不开强大的精神支撑。培育和发扬民族精神，二者是同一事物的两个方面，是相互促进，协同发展的。不仅要在培育的基础上进行弘扬，也要在弘扬的过程中继续培育，这是一个双向发展、共同进步的过程。我们培育和弘扬的民族精神也在不断发展、与时俱进。培育和促进民族精神，对大学生进行爱国主义教育有着非凡意义。让青年学生树立爱国意识，产生爱国情感，培养爱国意志，最终转化为爱国行动，这并非朝夕之事，我们要使民族精神教育与爱国主义教育相辅相成、协同发展。

价值观是人们评判是非曲直的重要标准，青年大学生是确立价值观的重要时期，因此抓好大学生的价值观教育非常重要。任何一种价值理念都有其固有的文化本源，社会主义核心价值观就是这样一种价值理念，它固有的本源就是我们的中华优秀传统文化。例如，儒家提倡的人格修养思想：认为首先要提升个人的修养品德，这是最基础的，这样才能执掌好自己的家庭，进而才能管理好自己的国家，并且对每个方面都提出具体的要求。中华优秀传统文化包罗万象，里面蕴藏着众多的人生哲理、品德修养、民族精神等内容，承载在众多文学作品当中，是我们培养大学生社会主义核心价值观的重要材料来源。加强爱国主义情感教育，要培育有"情"有"理"的爱国情感，这也是社会主义核心价值观对公民的要求之一。将中华优秀传统文化融入爱国主义情感教育，通过创办多样的传统文化形式，使社会主义核心价值观入心入脑。例如，在传统民族节日通过举办新颖的、大众的、参与性高的民俗文化活动，如端午节的历史话剧、春节的贴春联、逛庙会等，让社会主义核心价值观走进群众的日常生活中去，同时这种繁荣、安定的文化氛围和民族节日中饱含的亲情和家国情怀可以引发人们的爱国情感。

历经数千年的洗礼，中华民族形成了以爱国主义为基础的民族精神，这是华夏儿女的强烈归属感所在，更是华夏文明的强大生命力所在。民族精神使优秀传统文化成为民族团结的情感纽带和爱国主义教育的精神纽带，有效实现了浓厚的爱国情感、坚毅的报国志向及崇高的报国举动三者的有机统一。伟大的民族精神激励着千千万万中华儿女为维护民族利益而不懈奋斗，为实现民族复兴而埋头苦干。不言而喻，进行社会主义精神文明建设，进行大学生爱国主义教育必须从民族精神中汲取丰富养料。

2. 伦理道德为大学生社会主义建设提供动力

传统伦理道德意蕴深厚、影响深远，经过数千年的洗礼与积淀，具有了强大生命力和影响力，是进行现代化建设的内在动力。中华民族日渐走向富强的今天，现代化建设需从优秀传统文化的深厚土壤中吸收养分，使得社会建设和文化建设同向同行、紧密结合，更好地进行社会主义现代化建设。因而，传统伦理道德的引入是激发大学生投身社会主义现代化建设的内在动力。

道德的缘起与文明的进程是相辅相成的，有数千年文明史的中国，同样有着数千年的道德传统。在人们的心中，道德伦理始终处于优先和特殊的地位，古代贤哲不仅以道德实践作为人生实践的重要内容，而且将其视为政治上的最高追求和最终目标。作为人们"修身"的标准和指南，传统伦理道德是日常交往中正确处理人际关系的行为准则，是提升人们道德修养、强化人们道德意识的精神法宝，也是实现现代化与社会和谐的重要手段。孔子指出："道之以政，齐之以刑，民免而无耻；道之以德，齐之以礼，有耻且格。"（《论语·为政》）可见，单用律法规章来管理人民，是难以让民众产生羞耻感，并诚心归顺的，但用道德伦理、礼仪教化却可以做到。进入新时代的中国，物质文明建设已取得了非凡成就，正在实现现代化和民族复兴的伟大征途中前进。优良伦理道德是优秀传统文化的一个重要组成部分，是自我人生规范和社会生活秩序的自觉理性规定，传统伦理道德所蕴含的强烈自我使命感和社会责任感，将激励大学生积极参加社会主义现代化建设，引导他们为实现民族复兴而拼搏奋斗。

在社会主义现代化建设征程中，深入挖掘、充分利用优秀传统文化中所包含的伦理和道德资源，将爱国明理、尊老爱幼、勤俭务实、谦虚谨慎、廉洁奉公、严于律己、尊师敬业、诚实守信、团结友善等优秀伦理道德融入大学生的生活、学习和工作中，让优秀伦理道德成为他们铭记于心的道德规范，成为他们生活实践的行为指南，成为激励大学生投身现代化建设的内在动力。

（三）创新性

传统文化具有深厚的内涵，具有强大的思想政治教育功能。学习和研究优秀传统文化，吸收它的精华，努力实现其强大的思想政治教育功能，不只是传统文化不可推卸的责任和使命，也是开展思想政治教育活动的丰富素材与创新源泉。

1. 为思想政治教育创新发展提供素材

优秀传统文化能够传承至今而生生不息，离不开其博采众长的会通精神、厚德载物的人文精神、为国争光的爱国精神、自强不息的奋斗精神、天下为己的责任精神等，这些高尚精神始终深深影响着国人的情感、思想和行为，是我们赖以生存的精神支撑，更是思想政治教育不可或缺的精神命脉。

文化能够形成民族之间共同的文化心理，聚集民族之间的团结力量，还能造就伟大的民族精神。一个国家、一个民族，只有对自身文化理想、文化价值充满信心，对自身文化生命力、创造力充满信心，才能有坚持坚守的定力、奋起奋发的勇气、创新创造的活力。中华优秀传统文化是中华民族在世世代代的生活环境中创造出来的，基于共同的血缘关系和文化心态。中国人民对中华优秀传统文化都有着天然的熟悉感，特别是，文化中独特的思想、智慧、气韵和神采，是我们坚定文化自信的底气。爱国情感也是对民族文化归属感、认同感和荣誉感的统一，对民族文化的认同是培育爱国情感的重要条件，反过来爱国情感也会进一步坚定大学生的文化自信。加强爱国主义情感教育，有助于提高高校学生文化自觉性，自觉维护优秀传统文化，自觉学习优秀传统文化作品，在面对多种文化交流的时候自信地展示我们的民族文化。在爱国主义情感教育中进行中华优秀传统文化的学习，感受中华优秀传统文化中的爱国情怀，大学生会因为有这样优秀的历史和文化而感到自豪，从而进一步坚定文化自信。

优秀传统文化作为思想政治教育的理论基础，无疑给思想政治教育的创新发展提供了众多丰富素材。"吾日三省吾身"的内省方法启示我们要时刻进行自我反省，不断推动自我发展。"有教无类"的教育方法警示我们要对所有学生一视同仁，绝不做差异化对待。世界上不存在完全相同的两片叶子，更不会有完全一样的两个人，因此，针对不同的学生要制订不同的教育方针，努力做到"因材施教"。传统文化中的"知行合一"更是指导我们如何准确判断一个人的品行。知道或说出来是一回事，但能不能做到却是另一回事，要成为一个品德高尚的人，"知"是基础、是前提，但"行"才是更重要的。因而，为人处世中，我们不仅要"听其言"，更要"观其行"。

作为文化形成发展的生命机制，教育是伴随着文化传统出现的，可以说，没有文化传统就不会有教育。故而，教育必须以传统为源泉，最大限度地发挥文化对教育的促进作用。具有久远历史的优秀传统文化，蕴含无数值得我们借鉴和吸收的精华，是思想政治教育巨大的精神财富，也是其强大的素材来源。

2. 为思想政治教育创新发展指明方向

之所以思想政治教育能够日益走向成熟和独立，和其与时俱进的创新性密切相关。优秀传统文化无疑是思想政治教育最为重要的创新源泉。优秀传统文化所蕴藏的道德教化观念，历经数千年的历史沉淀已发展成为一种独特而又强大的思想政治教育力，这种强大教育力的存在，不仅使华夏儿女养成了高尚的道德品质，而且塑造了中华民族独特的性格特征，同时对我国思想政治教育的深入发展有着极强的现实意义。

针对思想政治教育产生的新问题、新情况，我们可以从优秀传统文化中寻求解决方法，并对优秀传统文化进行相应的改造，使其更好地适应于思想政治教育问题的应对与解决，如优秀传统文化所提倡的"厚德载物、知行合一、修身克己、经世致用、自强不息"等品质。充分挖掘优秀传统文化强大的思想政治教育功能，对其进行创新性转化与创造性发展，是实现思想政治教育创新发展的有效路径。确立社会主义核心价值观和坚定文化自信，这也是成为时代新人的重要特征。同时，还要具备深厚的爱国主义情感。换言之，时代新人要肩负起他们的历史使命，首先就需要提高他们承担这种使命的自觉性。这种自觉性来自他们的责任感和使命感，也就是爱国主义情感，这也是爱国主义情感教育的时代要求。中华优秀传统文化中蕴含的智慧和理念可以提高大学生的品德修养和思辨精神。当今时代，各种思想和文化层出不穷，并借助网络形成复杂的"大舆论场"，影响人们的思想观念和价值取向。特别是大学生，处于"大舆论场"的中心，意志不坚定的大学生就容易受到蛊惑，从而轻视本民族文化，崇尚外来文化。因此只有坚定大学生的文化自信，才能经受住外来文化的诱惑。这就要求我们必须对中华优秀传统文化展开学习，学习民族英雄的爱国情感，学习英雄人物身上的优良品格，学习中华优秀传统文化中的道德修养思想，最终提高自身的思想品德。一个人的精神风貌、精神气质也会影响他们的未来，时代新人应该具备乐观自信、迎难而上、自强不息的精神品质，而这些品质都可以在中华优秀传统文化中的民族精神中汲取，如在挫折面前勇往直前的奋斗精神、在民族大义面前视死如归的奉献精神、和朋友之间团结协作的互助精神等，为构建时代新人的精神风貌提供了不竭的源泉。

进入新时代，思想政治教育急需创新与发展。在创新发展进程中，思想政治教育要深入挖掘、充分利用传统文化中的优质教育资源，有区别地对待传统伦理道德与价值规范，坚持革故鼎新、古为今用，用优秀传统文化丰富的精神财富来化人、育人。扎根传统文化的深厚土壤，以优秀文化为载体，实现思想政治教育的创新发展，将思想政治教育创新发展和传承优秀传统文化相结合，为开展思想政治教育活动挖掘新资源、开拓新视野，充分发挥思想政治教育化人、育人的强大功能。

二、中国优秀传统文化融入高校思政教育的成效

（一）丰富课堂教学内容

目前，我国高校大学生的思想政治教育的主要形式是课堂教学，在新时代的大学生思想道德素质培养过程中具有相当重要的地位。中华优秀传统文化正在逐渐地融入高校课堂教学中。主要表现在：首先，在课堂上应该更多地传授有关于中华优秀传统文化方面的知识。中华优秀传统文化历经五千多年的岁月，其中有很多的有益思想，这些有益的内容使得中华优秀传统文化自身具有容易被大众所认可、被大众接受的特点，同样也可以让大学生更好地接受学习。其次，在课堂上教育模式的改变是非常重要的一个方面。我们的老师们在课堂授业解惑之时，要更多地结合中华优秀传统文化的丰富内容，真真正正地把中华优秀传统文化融入课堂。最后，教育者本身的重视会使得自身平时在课堂上讲解更多有关中华优秀传统文化的知识。只要一直坚持学习优秀传统文化，把优秀传统文化融入课堂，就能让学生对中华优秀传统文化产生浓厚的兴趣。

（二）转变教师教学理念和教学方式

教师作为教学活动的主体，在大学生思想政治教育中发挥着至关重要的作用，所以教师教育理念的变化和对中华优秀传统文化重视程度必须要逐渐增强。教师改变了以往照本宣科的教学方式，创新了课堂教学模式，内在效果与外在效果并重，让学生能更加主动地学习。

（三）深化大学生对中华优秀传统文化的了解

在相关文件和政策措施的推动下，为更扎实地推进中华优秀传统文化贯穿国民教育始终，各地政府及高校纷纷响应党和国家的号召，开展不同形式的宣传活动。第一，部分高校通过充分运用校级报刊、校园广播等多种传统宣传媒介，通

过设立专刊与专栏等形式，定期推送与优秀传统文化相关的内容，吸引广大师生关注与学习。根据选取的相关内容展开线下探讨，在学术交流中传播中华优秀传统文化，通过这种方式宣传，让大学生在隐形中感受其无上的文化魅力，既发挥其教育导向作用，也满足了大学生对多元化文化需求。第二，高校根据自身学校特色及资源优势拓展宣传方式。一些高校在弘扬与传承中华优秀传统文化的过程中，结合自身的地域优势，积极挖掘当地的优秀文化传统，打造本校的特色和品牌，当地资源优势转变成教育教学的优质资源，使广大学生更加清晰地认识到当地的民风民俗以及文化传统，提高了当代大学生学习优秀传统文化的兴趣。还有一些高校设立了孔子文化研究学院、儒学思想研究院等与之相关的传统文化研究机构，将具有鲜明特色的优秀传统文化融入高校教育教学体系中，形成了别具一格的校园文化。运用拓展的宣传活动，强化大学生对中华优秀传统文化的学习兴趣，增强其传承与弘扬中华优秀传统文化的责任与使命。

（四）丰富高校中华优秀传统文化教育活动

目前，中华优秀传统文化教育活动在高校中正逐步开展起来。高校应积极宣传中华优秀传统文化知识，将中华民族发展史上的历史英雄人物等作为教育素材，培养学生爱国主义情怀和自强不息的进取精神。中华优秀传统文化教育已成为高校育人内容的重要组成，各种文化教育实践活动层出不穷，大学生群体的传统文化主体意识有了显著的提高，传统文化素质也随之提升。在设置课程上，高校开设了相关通识教育课程，使学生通过各种形式了解优秀传统文化，接受其无穷魅力的熏陶。同时，部分高校也开设传统文化培训班，提升教师传统文化素养。在高校中的大部分学生也能够主动自觉地通过观看视频、诵读经典，积极摄取与自身发展相适应的文化知识，并使之内化于心，付诸在自己的日常行为中。许多高校开展中华优秀传统文化校园活动，提升学生文化涵养。一些高校结合传统节日，开展春节民俗文化介绍、清明网上祭扫等线上主题活动，在广大师生中传承和弘扬中华优秀传统文化，学生均以积极的热情投入其中，实现了"传统"与"现代"的有效衔接。还有一些高校通过组织学生参加传统文化夏令营、文化中国行等社会实践活动，引导学生正确认识了解传统文化。

第二节　中国优秀传统文化融入高校思政教育的可行性

一、中华优秀传统文化与思想政治教育的内在一致性

（一）思想政治教育的文化本质

思想政治教育作为一种"社会哲学范式"，其学理基础在于将思想政治教育实践过程中的经验上升为理论认识，其目的在于要求社会成员接受思想道德、文化精神、政治修养等方面的规范。从本质上来说，思想政治教育在属性和功能上与文化密不可分。一方面，思想政治教育所依托的思想道德观念，其本身就是文化的一部分；另一方面，思想道德的规范不是纯理论化的空中楼阁，还有赖于母体文化环境等外化形态。当然，母体文化中有积极进步的一面，也有落后迟滞的一面。思想政治教育需要在教育过程中，对文化进行选择、传承，不断实现文化在形式和内容上的扬弃。因此，思想政治教育所属的母体文化环境对其必然会产生强烈而深远的影响。不同的文化背景因其文化理想、文化精神、文化心理等的不同，对人的思想道德品质的要求也各不相同。

（二）中华优秀传统文化的思想政治教育功能

从广义上说，文化是人类生活的总和。从狭义上说，文化就是人类的全部精神创造活动，是意识、观念、心态和习俗的总和。中国传统文化根植于儒家、佛家、道家等文化中，特别是以儒家文化为核心，并在此基础上形成了中国传统文化的价值核心。思想政治教育虽然是 20 世纪 80 年代才产生的概念，但在中华五千年的传承和传播过程中，传统文化本身具备了思想政治教育的功能。唐文治先生指出："先圣先贤以精神递传于吾辈，吾辈即以精神递传于后人。夫如是道统事业，绵延而不绝。"[①] 此中所谈及的，就是文化传承对于国家、社会以及个人的重要意义。

首先，在国家层面，中华优秀传统文化强调责任担当。建立"大同社会"是中国传统文人的理想追求。在追求这一理想的过程中，个人对社会、国家、民族

---

① 王桐荪，胡邦彦，冯俊森.唐文治文选 [M].上海：上海交通大学出版社，2005.

负有天然的责任和使命。孟子的"乐以天下,忧以天下",《礼记》中的"苟利国家,不求富贵",顾炎武的"天下兴亡,匹夫有责"等,都非常明确地强调了个人的责任和使命。

其次,在社会层面,中华优秀传统文化强调责任担当。在儒家文化里,身处社会中的个体必须积极承担起对他人的责任担当。如"孝"是对父母负有责任,"悌"是对兄弟负有责任,"信"是对朋友负有责任。当个人与他人出现冲突时,应当从"义"的角度出发,个人利益服从责任担当。"老吾老,以及人之老;幼吾幼,以及人之幼""舍生取义""义以分则和"等,都强调了个体在社会关系中应当尽可能地承担责任。

再次,在个体层面,中华优秀传统文化强调道德教化。儒家文化非常重视个体的道德修养完善,孔子倡导"仁者爱人"的忠恕之道,认为一个道德修养完备的人应具备"智""仁""勇";孟子则提出人应有四德,即"仁""义""礼""智"。所谓"太上有立德,其次有立功,其次有立言,虽久不废,此之谓三不朽"。[①] 在儒家看来,个体价值的实现途径在于追求道德和人格的不断完善,要达到其所倡导的道德境界,需要通过"内省"和"慎独"等方式修身立德,不断加强自身道德修养。

二、中华优秀传统文化融入高校思想政治教育的历史逻辑

近代以来,马克思主义与中华优秀传统文化跨越地域的阻碍,在社会发展变革的历史时期相遇,在中华民族经历命运跌宕起伏的曲折,中华儿女前赴后继、救亡图存的英勇抗争,党领导全国各族人民开展开天辟地、改天换地、经天纬地的革命、建设、改革的历史过程中不断交汇、融合,凝聚出新的理论和文化成果。历史和现实已经证明了中华优秀传统文化融入高校思想政治的可行性。

(一)优秀传统文化与马克思主义的历史碰撞

历史的发展和内在规律表明,一定时期的社会文化只有与当时的社会生产生活状况相适应,才能凝聚形成推动人类历史发展进步的积极力量。中国共产党成

---

① (明)洪应明著.李伟评析.菜根谭[M].武汉:崇文书局,2019.

立之前的各种不同的救国方案，实质上代表了不同的文化态度和价值追求，反映了对中华民族未来走向的不同思路设计和目标指向，也折射出对人类历史发展规律和近代中国基本国情的不同认识。由于这些革命方案背后所倡导的文化理念与核心价值与中国具体国情不相符、与中国传统文化没有内在契合，故而必然导致失败。从这个角度来看，可以说，中国传统文化与马克思主义的历史碰撞，既是近代中国进行文化反思、文化选择、文化创造的主观努力结果，也是社会形态变化与文化演进客观规律的必然。

（二）优秀传统文化与思想政治教育的历史契合

20世纪初，新文化运动与"五四运动"的爆发推动了人们的思想解放，马克思主义的传播重塑了民众的价值观念与民族精神。在这一过程中，我国思想政治教育开始萌芽。1921年中国共产党成立，这既是在群众中开展马克思主义思想政治教育的成果，同时也是党领导下开展思想政治教育的开端。自诞生以来，中国共产党就自觉地传承与弘扬中华优秀传统文化，在实践中运用优秀传统文化为中国革命开辟创造有利的思想条件。随着中国共产党领导革命走向胜利，新中国从成立到崛起，思想政治教育的本质内涵、知识体系、任务使命更加清晰，在不断地研究与实践中深刻认识到自身与中华优秀传统文化同质互生的深层联系与紧密关系，这也为探讨融入的主题奠定了牢固的历史基石。

第三节 中国优秀传统文化融入高校思政教育的意义

一、中华优秀传统文化对高校思想政治教育具有支撑作用

中国传统文化在变迁中不断自我更新，尤其是近代以来，文化传统与外在历史条件交织，中华优秀传统文化为社会变革，为社会主义道路建设提供了文化支撑。可以说，中国特色社会主义与中国传统文化之间联系紧密，中国特色社会主义是中华优秀传统文化在当代中国的新形式和新发展，中华优秀传统文化是中国特色社会主义的基础与源泉。中华优秀传统文化在当代的继承和发展，必须要

站在中国现代化进程这条轨道上，与马克思主义理论相结合，回答中华民族伟大复兴这个历史命题。这种文化样态既体现了中华民族的精神特点，也具有普遍意义。中华优秀传统文化为大学生思想政治教育的发展提供着源源不断的文化支撑，在创造性转化和创新性发展中展现着强大的生命力，为中华文化的发展繁荣奠定了坚实的基础。

二、中华优秀传统文化对高校思想政治教育具有导向价值

中国传统文化与思想政治教育相融合，是应对目前思想政治教育存在的困境，探索思想政治教育新路径，提高思想政治实效性的必然选择。中华优秀传统文化的价值观念是在中华民族数千年的奋斗过程中形成的。对个人来说，中华优秀传统文化是道德操守的标准；对社会来说，中华优秀传统文化是维护秩序的保障；对民族来说，中华优秀传统文化是中华民族的精神命脉。这些价值传统反映着整个社会乃至民族对价值规范、价值理想的追求。这种追求是一种文化认同，是维系民族团结的精神纽带。当中华优秀传统文化与时代精神交汇融合，实现更新发展，就能够在大学生思想政治教育过程中发挥更积极的导向作用。

高校学生处在文化势力交锋的前沿，其是否具有坚定的文化自信及内心是否认同中华优秀传统文化，对其能否成长为合格的时代新人具有重要影响。因此，高校应将中华优秀传统文化融入思想政治教育，在深层次的文化育人中强化大学生对中华优秀传统文化的认同。一方面，中华优秀传统文化融入思政教育能在文化层面丰富教育内容，大学生在接受教育的过程中便能更全面地了解中华优秀传统文化，明确其蕴含的价值和深刻内涵，并接受文化的熏陶。另一方面，文化的融入还能深化思政教育的内涵，帮助教育实现更深层次的开展。以中华优秀传统文化的深厚价值充实思政教育，能发挥文化引领人、教育人的重要作用，同时引导大学生习惯使用传统文化思维分析问题、解决问题，感悟中华民族文化的系统性和深刻性，在此价值体系下坚定文化自信。

三、中华优秀传统文化对高校思想政治教育具有发展价值

党的十九届四中全会指出，"中国特色社会主义制度和国家治理体系是以马

克思主义为指导、植根中国大地、具有深厚中华文化根基、深得人民拥护的制度和治理体系。"[1] 中国特色社会主义制度的强大生命力植根于中华优秀传统文化之中。中华优秀传统文化在历史的发展中，不断总结经验教训，形成了丰富的治国理政的思想理念，这其中就包含着与其他国家、世界的关系，如"亲仁善邻""协和万邦""天下大同"等。这些都对当代中国处理国际的关系有重要的借鉴意义。新时代，习近平总书记提出的构建"人类命运共同体"思想包含了"和而不同""协和万邦"的民族交往观念。而"一带一路"倡议的提出，从本质上看，正是借鉴了中国历史对外交往的经验，借鉴了互通合作的传统文化精神。可见，中华优秀传统文化的精神力量可以跨越时间、跨越空间，对大学生世界视野的形成，具有重要的作用。

四、中华优秀传统文化可以提高高校思想政治教育实效

将中华优秀传统文化融入教育，能够帮助教育从文化中汲取内涵深厚、形式多样且具有较强认同感的话语表达，在深化教育话语认同、强化教育话语理解度的基础上提高教育实效。一方面，中华优秀传统文化可为教育提供有亲和力的话语选择。传统文化经过长期发展，在中华民族已形成独特的发展形式和经典内涵。对经受过长期教育的大学生群体来说，其对传统文化或多或少地具有基础了解和认知。教育者在教育中采用传统文化式的话语展现相关理论知识，便能唤起学生内心的文化认同，展现教育的亲和力，并在此基础上深化学生对教学内容的理解，进而提高教育实效。另一方面，中华优秀传统文化还可为教育提供多样化的话语表达。中华优秀传统文化内涵深厚，与之相关的故事、历史记载、表现形式多种多样，形式十分丰富，将其融入教育，能够丰富教育的话语表达形式，通过讲故事、列图表、史料解读等方式向大学生传递教育内容，能有效调动学生参与教育活动的积极性，拉近教育与学生的距离，展现教育的多样化并深化教育效果。

五、推动中华优秀传统文化的创新传承，彰显时代特性

中华优秀传统文化融入思想政治教育，不仅是文化内涵在教育中的展现，发

---

[1] 张荣臣，蒋成会. 党的制度建设十一讲[M]. 北京：西苑出版社，2022.

挥文化育人作用，还体现出教育对文化的创新性发展。对教育和文化双方来说，二者的融合是相互作用的结果，而要真正展现文化育人价值、提高教育实效，高校还需在辨别精华和糟粕的基础上对中华优秀传统文化进行创新，在此过程中，中华优秀传统文化的时代性和先进性便可得到进一步展现。由于时代的快速发展，教育者如不对中华优秀传统文化的内涵和价值加以转化而直接使用，会影响学生的理解，文化育人作用无法在教育中得到充分发挥。因此，新时代背景下二者的融合需要对中华优秀传统文化的内涵进行丰富和创新。高校教育者可依据时代发展变化和教育要求对中华优秀传统文化的内涵进行重新阐释，赋予其新的内涵，打破其融入的单一化、搬运式限制，真正使其转变为适应新时代教育发展要求的资源，也为进一步展现文化育人价值奠定基础。

第四节　中国优秀传统文化融入高校思政教育的途径

一、加强中华优秀传统文化传承体系建设

（一）构建中华优秀传统文化的研究体系

对中华优秀传统文化的研究是中华优秀传统文化融入思想政治教育的前提和基础，构建其研究体系，则是挖掘其时代内涵，将其融入思想政治教育中的必要条件。在构建中华优秀传统文化研究体系中，要充分发挥各类科研院所、当地高校、学术社团的研究作用，对我国的文化典籍进行珍藏、修复和研究，着重阐释其哲学内涵、时代精神、科学思想、道德精髓等。政府要积极地主导和推进中华优秀传统文化的研究，加大资金投入力度。尤其在主导中华优秀传统文化研究中，要将其与"中国梦"、社会主义核心价值体系等深度融合，展现其时代魅力。除此之外，社会各界也要时刻关注和支持中华优秀传统文化的研究进程，帮助政府、科研院所建立起强有力的学术科研平台，营造出关心中国传统文化研究、重视其研究的良好氛围，以激发出全民族探究中华优秀传统文化的创新活力。

（二）构建中华优秀传统文化普及教育体系

教育是传承中华优秀传统文化的重要渠道，各类学校则是弘扬中华优秀传统文化的重要平台。同时，对学生进行中华优秀传统文化教育要遵循学生的成长规律和认知能力，因而在构建中华优秀传统文化普及教育体系中，要将优秀传统文化有序地融入幼儿园教育、小学教育、中学教育到大学教育等各个教育阶段和环节之中。各个高校也要依据地方特色，撰写一批具有权威性、代表性的教辅资料，并适时开展选修课程。同时，也要注重在传统节日和重大庆典活动中，添加大量的传统文化元素、开展形式多样的庆典活动，如戏曲、书法、相声等，吸引学生加入到活动之中，并在寓教于乐、寓教于听、寓教于唱中，增强对中华优秀传统文化的认同感。

（三）构建中华优秀传统文化宣传体系

构建完善的宣传体系，是弘扬优秀传统文化的重要方式之一。社会各大主流媒体，要坚持正确的政治方向，构建起传统和现代相结合的宣传格局，如发挥报纸、书刊、杂志等传统媒体作用的同时，要善于将其与新媒体相结合来进行宣传。文艺工作者是时代作品的创造者，要善于立足中国实际、从中华优秀传统文化中汲取养分、获得有益启示，打造出一批经久不衰、无愧于人民的精品力作。各大网络媒体要把好审核关，规范管理，传播有益的、健康向上的网络文学、音乐、微电影等。各大电视节目要坚守住传播中华优秀传统文化的主阵地，政府要加大文化公共事业建设、规范文化公共产业发展，制订和完善各种仪式、礼节、行为规范等，尤其注重在日常生活中开展爱国主义和传统美德教育，在全社会弘扬孝道和诚信文化等。

（四）构建中华优秀传统文化保护传承体系

中华优秀传统文化产生于特定的历史时期，其物质形态的遗留是中华文化的载体，也是中华文化辉煌的见证，具有不可复制性，其表现形式也是多种多样的，小到一物一器，大到举世瞩目的历史遗存。因而，加快构建中华优秀文化保护传承体系尤为重要。一方面，要构建起由政府牵头，各个保护单位协同配合、社会各界人士广泛参与的文化保护体系，对文化遗址、文化名镇、各种文物进行保护与利用，防止其随着自然因素和人为因素的破坏而消失；另一方面，要注重对文化传承保护制度的建设，对于故意破坏文物、贩卖文物等行为进行严厉打击，对保护文化，尤其是对无形的文化遗产，如对工艺传承做出贡献者，进行支持和褒奖等。总之，加大中华优秀文化传统保护力度，使其成为思想政治教育的重要资源和开展思想政治教育的有效载体。

（五）构建中华优秀传统文化传承的保障体系

构建中华优秀传统文化传承的保障体系，是对中华优秀传统文化的各项工作、各类制度落到实处的重要保障。在构建保障体系过程中，党委和政府要切实担负起主体责任，将其当作政治任务来抓、深入地贯彻落实。司法执法等相关部门，要严格执法、司法，划定责任红线，对于文化保护不力、规则贯彻落实不细者进行倒查、一查到底。同时，政府等相关部门要建立和完善相关的奖励、补贴政策，吸引各类社会力量参加到公益文化项目建设中。人民是历史的创造者，也是文化的创造和传承者，我们必须营造出一个良好的法治环境，从而达到更好的传承中华优秀传统文化的目的。

二、营造良好的传统文化社会育人环境

学生的成长与发展离不开社会环境，而现在大学教育是一个开放性的状态，社会环境状况的好坏也会影响着高校思想政治教育的效果。

首先，加大政府对传统文化的引导和宣传。良好的社会氛围的建设离不开党和政府的主导与扶持：第一，政府要制订相关政策与文件，将继承与弘扬中华优秀传统文化落到实处，引起全体社会成员的重视；第二，各级政府部分还需要因地制宜、因材施教，充分利用各地区文化特点，制订科学方案，组织特色文化活动，扮演好中华优秀传统文化教育的推动者与领航者；第三，政府还要通过利用博物馆、名人故居、纪念馆、文化遗迹等公共服务设施，定期对公众免费开放，举办文化交流沙龙、知识讲座等活动，充分利用这些传统文化载体做好宣传与教育作用。

其次，发挥社会传播媒介的作用。要通过报纸、杂志、广播等社会传播媒介来宣传中华优秀传统文化，利用优秀文艺作品来传播文化知识、陶冶道德情操，引导正确的舆论导向，将优秀传统文化融于学生生活的每个角落，进而形成一个轻松愉快的社会教育环境。

最后，发挥社区组织的作用，将优秀传统文化的弘扬落实到基层。社区虽小，但它也是社会团体的重要组成部分。通过社区宣传栏、板报等宣传阵地，宣传优秀传统文化相关知识；定期举办知识竞赛、家庭教育讲座等与优秀传统文化相关的社区活动，引导广大人民群众积极参与到活动中来，以此来创建绿色社区、和谐社区、文化社区，构建和谐、团结互助的社区人文环境。

三、将传统文化融入高校辅导员教育管理工作

（一）加强文化熏陶

要让学生感受到传统文化，受到传统文化的感染，需要讲求一定的手段方法，在学生的生活中给予耳濡目染的熏陶比一味地强行教育要有效得多。

首先，积极进行文化的宣传，通过宣传海报、校园广播等进行传统文化的宣传教育。学生的大部分时间都在学校中度过，并且每日的活动场所并不多，每天通过海报等潜移默化的影响有利于思想的融入。其次，利用好学生钟爱的网络环境，通过微信公众号、微博、学校官网等网络平台进行文化的宣传。最后，可以开展关于传统文化的系列活动来加强文化的学习。

（二）传统文化系列课程的讲解

传统文化博大精深，并不只是表层的一点，因此除却生活中的接触，也要有系统地了解，才能够真正把握其精髓。否则仅仅通过课文中了解，难以吸取其真正的精华。辅导员在开展思想教育时，可以尝试进行改革，推进传统文化教育课程的开展，把以往枯燥无味的思想教育宣讲改变为对传统文化案例的讲解，让学生感受古代大家的行为典范。以往的辅导员思想教育大多是偏向政治教育以及在校生活中应该注意的问题，学生对这一方面总是难以与老师产生共鸣。传统文

化课程的加入展现出了一定的创新性，一方面有利于传统哲学思想与现代教育结合，建立良好的价值观，培养学生高雅的文化情操；另一方面可以摆脱当下单一的教育主要手段，加强对传统文化的宣传。

（三）打造传统文化背景促进思想融入

儒家思想是中国优秀传统文化的沉淀，是教育教学的重要思想宝库。儒家思想一方面以有形的经典著作、传统文献等形式，为教育工作提供参考价值，另一方面根植于中国人民行为习惯、思维模式、伦理道德等思想感情里，成为无形的民族之魂与社会文化背景。高校思政教师在进行教学的过程中，将儒家思想作为优质文化背景，重视唤起学生内在的、潜在民族文化思想。在高校思政教学中，教师应牢牢抓实文化的潜层影响力，逐步引导学生将教学内容与自身的思维模式进行有机联系。

（四）推进传统文化应用于实践

高校思政教育中融入传统文化不是单靠某一个方面就能完成的，需要多方面的配合，就儒家文化的教育而言，辅导员对于学生的理论知识教育仅仅是个一方面，要想真正完成对高校学生的儒家思想教育，必须进行相应的实践活动，以加强对理论知识的进一步了解，如儒家讲坛、道家讲坛、朗读经典、思想汇报等多种形式的活动。通过活动的开展，不仅辅导员可以进一步感受儒家文化，学生们也可以学以致用，儒家文化的传承不能仅仅靠理论，最主要的还是实践环节的开展，将传统文化中的经典牢牢把握并有效传承。

（五）建立学校与家长的动态连接机制

目前的高校学生以"00后"为主，这一代人思想活跃，不喜欢束缚，认为考上大学脱离家长便可以为所欲为。高校要与学生家长建立动态培养教育机制，辅导员老师定期和家长沟通学生在校动态，定期和家长们交流有关学生思想政治教育的主要手段方法，营造良好的教育环境。

面对当下数量众多的高校大学生，辅导员的思想教育工作开展具有一定的难度，而传统文化的融入，可以为思想工作的展开给予一定的借鉴，可以促进学生人生观、价值观的培养，促进中国传统文化的传承。同时，在进行传统文化的学习同时，也要"取其精化、去其糟粕"，让文化的发展适应时代的潮流。

四、加强对学生学习传统文化的正确引导

在中国传统文化与高校思想政治教育的融合上，高校的思想政治教育工作者应该加强对大学生学习传统文化的正确引导，以让大学生树立起正确科学的文化观念；同时要发挥中国传统文化在高校思想政治教育中的重要作用，并达到引导大学生主动自觉学习中国传统文化的效果。

（一）培养大学生的文化自信

大学生作为未来国家建设和发展的中坚力量，承托着国家和民族的希望。在人生旅途中，大学时期也是思维最活跃、受教育影响最大的时期。因此，高校在思想政治教育中，就要着力用传统文化来影响大学生，培养他们高度的文化自信，增强他们的民族自豪感。作为社会上的高知识群体，大学生的文化自信如何，对中国传统文化的接受和理解如何，也可以说一定程度上影响着整个社会对国家和民族的自尊心和自豪感，影响着社会大众对中国传统文化的关注情况。现在，全球化的浪潮使大学生更容易受到各种思潮的影响，因此做好中国传统文化与高校思想政治教育的融合不能有丝毫的松懈，要着力防止世界上其他强势文化在大学生意识中产生的对中国传统文化的冲击和占领，提高大学生对于中国民族和文化的认同感，使其能够主动地鉴别中国传统文化与外来文化的优劣，好的要吸收，但是中国传统文化和民族精神的本质不能变，做到不夜郎自大、故步自封，也不妄自菲薄、盲目仿效。总之，"文化自信"是国家和民族对于大学生的一个要求，大学生有理由走在社会大众的前面。

1. 引导和鼓励大学生学习优秀的传统文化

在将中国传统文化融入高校思想政治教育的过程中，各个高校应该根据自己的特点，挖掘中国传统文化中优秀的资源和宝贵的精神财富，并且在实践过程中予以创造性的转化，尤其是中国传统文化中的仁爱、诚信、正义、爱国这些思

想，千百年来都有着重要的价值，而且在未来也会产生重要的价值，是一定要继承和发扬的。在教育的过程中，也要引导大学生在实际的生活和学习中去践行这些理念，做到中国传统文化优秀精神与现代社会的契合发展。同时，马克思主义已经被证明是中国社会发展最有力的保障，因此，大学生也必须要在马克思主义的指引下，树立自己的价值观、人生观和世界观，要坚定地信仰马克思主义，并且将马克思主义与中国传统文化的优秀思想结合起来，创新性地发展。

在这个过程中，高校要做的工作有很多。例如，要努力营造中国传统文化的氛围，提供更好的传播中国传统文化和马克思主义的平台。在互联网大发展的前提下，可以多设计一些微课堂，通过快速便捷、短小精悍的形式把学生的注意力吸引过来，加深他们对于传统文化知识的学习和体悟。高校也可以组织一些有意义的传统文化活动，例如聘请知名传统文化专家来校举办讲座，如孔子学堂、孝文化讲座、家风讲座、茶文化讲座，在各种纪念日中进行纪念活动，让大学生形成强烈的爱国主义思想、爱护大众思想、为国出力的责任感和使命感。现在，我们欣喜地看到国家和政府也加强了对于传统节庆的保护，重大的传统节日都有假期安排，另外一些节日也重点营造了相应的氛围。高等学校也应该抓住传统节日这一平台，在传统节日中设计一些与之相关的文化教育活动，让学生充分认识到相应传统节日背后的思想和内涵。甚至有条件的，在活动的组织和策划过程中，也可以让学生参与进来，一起动手完成，大学生亲身体验得来的认识将比原来那种被动认识过程的效果要好得多。以此让更多人能深入了解中华优秀传统文化，增强大学生对传统文化的自信。

2. 培养学生"明辨"的能力

"明辨"对于大学生来讲极其重要，它的强弱直接关系到一个人思想境界的高低。大学生在生活和学习中，都要善于思考和分析，并在思考和分析的基础上做出对的选择，处事做人要稳重、踏实，要谦虚又要自信，要有做学问做事业坚持不懈的意志和品格。当前，我国大学生的文化自信还需要加强，这就少不了锻炼大学生的明辨能力，如果没有好的明辨能力，大学生就不会意识到中国传统文化的重要性，反而不加甄别地吸收崇拜外来的文化。

培养大学生明辨的能力，学校首先要改革传统满堂灌的教学方法，老师应该组织和引导学生自我学习和相互讨论，要更多地采用讨论式和启发式的教学方法。真理是辩出来的，不是死记硬背地"学"出来的。其次，学校要高度重视"论辩"氛围的建设，给大学生创造充分的"论辩"环境。例如，高校可以组织各种和"论辩"相关的比赛，也可以利用现在互联网互动性强的特点，在线上开展一些相关的辩论和探讨，班级或专业也可以定期举行一些讨论交流活动，通过各种途径让大学生积极加入进来。在这样的"论辩"氛围中，大学生的思维和观点在与别人的思维和观点的碰撞中，会得到极大程度的开拓，自己辨析是非的能力也就会得到提升。

（二）将传统文化教育纳入高校思想政治教育理论课体系

将传统文化教育纳入高校思想政治教育理论课体系，高校思想政治教育工作者是最主要的力量。工作者本身就应该有高度的文化自觉和文化自信，要大力推进二者的融合。在新的形势和时代要求下，高校思想政治教育工作者更要做出大量的工作，确保传授给大学生的中国传统文化知识都是符合当前社会发展要求的，要真正做到古为今用，使中国传统文化中优秀的资源和宝贵的财富被大学生吸收和利用。

1. 要改进高校思想政治的课程体系

中国传统文化已经成为高校思想政治教育的重要内容之一，因此，中国传统文化的内容应该系统地体现在思想政治理论课程的设置中。然而审视我国高校思想政治教育的课程设置发现，目前我国的思想政治理论包含必修课和选修课，但是并没有相应的中国传统文化必修课程。在由各校做出选择和安排的选修课中，中国传统文化的课程也并非每个高校都有设置，中国传统文化的课程多见于中国语言文学、外国语言文学专业，而理科、工科的专业最多是有大学语文课程的设计，中国传统文化的课程基本上没有设计在专业课程和人才培养方案之内。可见，虽然中国传统文化与思想政治教育已成为我国思想政治教育学科的重要方向之一，但其相关内容并没有系统地体现在课程设置中，课程设置落后于学科方向的建设。比较客观地来看，中国传统文化作为通识教育内容和中国公民应了解的基本文化素质内容，没有在高等教育教学和国民素质提升工程中严谨地落到落实。

因此，在高校思想政治教育中，除了原来的课程，还应增加相应的中国传统文化必修课程，并将其作为高校思想政治教育的必要补充。

2. 要在教材中增加中国传统文化内容

现在我国很多高校的思想政治教育教材还没有过多将中国传统文化内容列入其中，更多的是政治理论知识的阐释和讲解，这是不利于传统文化与高校思想政治教育相融合的。虽然现在的高校思想政治教育理论课教材在统编时因其概论和纲要性决定了它很少有中国传统文化的内容，但教师在教学过程中应该根据学生的专业背景、文化素质背景和相应的切入点，将一些中国传统文化的内容作为素材添加到教学中去。这样的教学才会有血有肉和丰富多彩，学生也易于接受。在课程内容设计上，要加强思想政治教育与中国传统文化之间的交融性与一致性研究。一方面来说，中华民族优秀传统文化是马克思主义中国化的基础，马克思主义扎根于中华优秀传统文化的沃土上，才能实现其中国化进程，才能符合民族发展的需要，才具有更强的生命力和传承性。另一方面，中国化的马克思主义内在地包含着中华优秀传统文化的精神财富。这才能让中国化的马克思主义融入中华民族发展的现实需要，才能把中华优秀传统文化和马克思主义进行全面的结合。因此，思想政治理论课教师应该全面推动和加强马克思主义理论与中华优秀传统文化的融合，为中华优秀传统文化有效融入思想政治理论课教学提供理论支撑和实践经验。同时，我们也要加强中华优秀传统文化的理论研究与价值挖掘，不断增强将中华优秀传统文化有效融入思想政治理论课教学的文化自觉和自信。

3. 要将中国传统文化引入思想政治教育的课堂教学中

无论从哪个方面来讲，课堂还是学生接受教育的主要地方。在课堂上进行好的教学，才能收到好的效果。在课堂教学中，教师不能纯粹地利用书本教学，可以多利用其他一些好的教学手段，教师要能够深刻地洞悉大学生的学习需求和接受能力，驾驭庞杂而深邃的优秀传统文化内涵，并且合理设计教学内容，创新改进教学方法和切实提升教学效果，例如相应的视频播放、文化专题的讨论。将中国传统文化引入思想政治教育的课堂教学中，结合思想政治理论课的教学，围绕普及和弘扬中国传统文化知识，培养学生对中国传统文化的兴趣与爱好。教师也要做好观察和记录，对课堂运行情况进行数据采集，为数据分析和研究提供材料；

并基于课堂教学的大数据研究，不断提升教育水平，改善学生课堂学习质量，全面推动课堂教学工作的有序开展。作为学生来看，大学生对传统文化已具备一定的自学能力和理性认识，教师在课堂教学中就不能仅仅停留在浅层次的知识灌输或貌似高深的理论讲解，这样不会达到增强文化自觉和文化自信的实际效果，更多的可能是会导致课堂教学的枯燥乏味。很多课堂教学存在着"重知识讲授，轻精神内涵阐释的现象"，完全侧重于考核评价为导向，只向学生进行知识点的灌输，单纯地让学生记忆一定的传统文化知识，相对缺少对传统文化蕴含的民族精神、道德情操、人文涵养的深入挖掘。教师应该创造条件，对课堂教学效果进行提升，对课堂学习潜力进行挖掘，可以通过启发式教学增进学生理解认同，以平等中肯的说理为学生答疑解惑，鼓励、组织和指导学生进行学习讨论，培养学生跨文化理解能力等。

（三）综合运用多种思想政治教育载体

思想政治教育载体有很多，不只是文化载体，也包括活动载体、管理载体以及大众传媒载体。这些载体之间是可以并行共生、相互交叉和融合的。因此，在将中国传统文化融入高校思想政治教育的过程中，各高校也应综合利用多种载体，以期达到更好的效果。

1. 中国传统文化与活动载体

所谓活动载体，也就是以活动来作为载体的意思。教育者为了达到教育目的，可以举行各种形式的活动，将想要传授的思想政治教育内容融于这些活动之中。受教育者在活动的过程中，不知不觉地受到教育，提高自己的思想政治和道德素养。活动载体在中国传统文化融入高校思想政治教育的过程中能发挥很重要的作用，因此举办活动的形式需要引起各高校的重视。

首先，是以校园文化作为载体。高校要有意识地营造一个良好的学习中华优秀传统文化的氛围，以此作为思想政治教育课堂的有效补充。好的校园文化对大学生的影响力是显而易见的。从传统文化和思想政治教育的融合来说，校园文化是传统文化融入高校思想政治教育的重要载体。高校可以努力兴办一些和中国传统文化相关的以分享与交流为目的的文化沙龙，甚至是相关的知识竞赛或演讲比赛等。这些活动中大学生的参与积极性很高，因为有一定的娱乐性，大学生接受起来也比较快，可以达到寓教于乐的目的。此外，高校也可以多利用校内的一些传媒手段，例如校园网、学校的广播站、校报和学生社团的刊物等，开发相关的手机 App 等，通过多种方式，多渠道全方位地向大学生介绍中国的优秀传统文化知识，加强对大学生的家国情怀、社会关爱、人格修养等方面的教育引导，扩大中华优秀传统文化在大学生群体中的影响。可以说，如果能将传统文化的气息融入高校的各个角落，不断增强大学生对中国传统文化认知的主动性和践行的自觉性，这对于开展思想政治教育是十分有利的。

其次，以社会实践为平台，积极开展社会教育实践活动。对大学生进行中国传统文化教育，社会实践也是一个非常重要的组成部分。社会实践可以帮助大学生提升自己的人文素养，增强他们将学到的知识和实际联系起来的能力。因此，在高校思想政治教育中，要有意识地开展各类社会教育实践活动。高校可以把一些社会实践活动也纳入教学计划中来，并规定出学时和学分，使大学生不至于对其表现出忽视的态度，能够认真对待传统文化实践的内容；同时，如果有条件，还应该适时地带领大学生们走出课堂，参加社会上各种有意义的实践活动，例如支教、植树等，激发学生们的学习热情。高校也可以充分利用我国丰富的各类资源，举办各种参观或缅怀活动，将爱国主义与民族精神教育有效地融入大学生们的思想意识中去，让大学生更加生动深入地感受、体验和汲取中国传统文化中的养分与精髓，做到知与行的统一。

2. 中国传统文化与大众传媒载体

所谓的大众传媒载体，也就是以大众传播为思想政治教育载体的意思，它指的是思想政治教育主体通过各种大众传播工具向广大群众传递思想政治教育内容。其具体表现形式有报纸、期刊、广播、电视、网络等。高校思想政治教育工作者要利用大众传媒载体，借助网络扩大中国传统文化的覆盖面和影响力，进而提高大学生思想政治教育的实效性和科学性，发挥对大学生学习传统文化的引导功能。

（1）传统文化的通俗化

中国传统文化是几千年来中国人的精神基因，也是中华民族生生不息的力量之源。在传统文化融入高校思想政治教育时，思想政治教育工作者要做到古为今用，要积极创新。虽然传统文化大多来源于历史，来源于古代人们凝结的思想知识，但在进行教育时，思想政治教育工作者也要注意将这些知识进行通俗化的解读，这样才能更容易被大学生们所接受，也才更利于中国传统文化的传播，让传统变得易流行，也传承得更久更远。

传统文化的通俗化，很好的一个方法是将它和一些有趣味的节目结合起来。现在，有很多类似的电视节目就比较火，例如《中国诗词大会》《中国成语大会》等，这些节目火起来以后，也一定程度地带动了诗词、成语等传统文化内容的传播。这样的节目形式，高校也可以作为参考，在校园中打造更有深度、更具广度、更能触动人心的传统文化活动或节目，如主题演讲、中国故事大家讲、中秋节诗词赏析大会、传统故事话剧比赛、经典诵读比赛等，将这些节目做到融知识性、趣味性、互动性于一体。这样可以让一些经典的传统文化变得活化，当一档节目既有观赏性又有趣味性，还兼具文化性时，它一定会受到大学生们的热爱。

传统文化的通俗化，还可以将中国传统文化和一些文化创意产品结合起来。现在我们在市面上能看到一些标上康熙微服私访，或是故宫标记，或是兵马俑的仿古产品或文化衫等，这些产品颇受人们喜欢。先不说这些文创产品的好坏，单从传统文化和文创产品的结合来说就是一个很好的创意。因为这样一来，传统文化就不是只存在于字里行间的东西了，而是借助一些产品活化了起来，不仅增加了产品的观赏性、传播性、可视性，也展示了它的文化性和创新性。高校也可以借鉴这样的思路，在一些有校园特色的产品、海报、标识标牌上展示相应的传统文化内容，也可以鼓励学生根据自身对中国传统文化的了解与认识，组建团队，通过大学生创新创业项目的申请，开发更多深受大学生喜爱和使用的校园传统文化创意产品，让校园文化活动拥有更多传统文化的元素呈现和内涵解读。这可以算得上是一种别开生面的做法，学生接受起来也非常容易，记忆也会更加深刻，运用起来也会更加自如。

（2）传统文化的网络化应用

中国优秀的传统文化并不只是放在书斋中的，而是应该更大程度、更广范围地进行普及。网络作为新型的传播渠道，各个高校就应该充分地将其利用起来，拓宽网络教育的方式方法，充分发挥网络文化的教育引导作用。这是一种传统文化与现代手段结合的重要方式。首先，高校要在传统媒体和网络新媒体的互动中，注重网络技术应用和文化传播融合过程中的趣味性挖掘，不断地推进传统文化的传承、发展与创新。举例来说，有名的中国孔子网就是借助网络资源，把孔子和他的儒学思想传向了整个世界。因为互联网有着很强的互动性，在传播中华优秀传统文化时，传播者和接受者还可以适时地进行互动，就双方感兴趣的地方进行探讨，又或者是大家一起在网络中吟风弄月，吟诗作赋，共同感受古人那种生活方式。这些都是非常有意义的途径，可以提高人们对中华优秀传统文化的认识。其次，高校中国传统文化网络课程的开发也是传播传统文化很有效的快速通道，各高校可以结合学生专业课程设计的实际，通过线上网络课程，打破教室、图书馆的空间限制，在手机或电脑端实现传统文化课程的教学、考核与反馈，使传统文化的教与学更快捷更方便，也能够让优秀传统文化的教育拓展更多的网络育人阵地。

五、高校落实传统文化与思政教育结合的手段分析

（一）改良教学方向和重点

根据最近在全国各个院校展开的调查研究分析可以发现，众多的大学教育无法将传统文化整合到高校教育教学的实施中，所以，在大学思政教学知识范围的优化和改善必须得到有效落实。大学要将传统文化整合到思政课教育学生的教学方案和教学教育近期任务当中，完善中国优良传统资源放进教材、加入课堂教学、建立完整的培养体系和方案。

要在学生日常生活和学习过程中，多层次采用互联网教学方案，在上课期间增强学生自我能动性和主观主动性的展现，同时利用热点生活话题进行引导式和讨论式的学习活动。在此期间，老师要激励和鼓舞、号召学生完成社会志愿的各种实践操作，利用这些实践操作让学生从中切实地掌握中华民族的传统文化的真实意义。

（二）增设网络教育阵地

当前，互联网已成为学生搜集资源和学术交流速度最快、最方便有效的通道。大学应持续地创新传统文化教育的进程和渠道，增设网络教育，最大限度地发挥网络的核心影响，利用建设以网络为核心的传统文化培养区块，为大量的学生可以完整地进行思政教育提供极大便利。现在，大学都建设了自己的网站。高校应以此为契机，拓宽传统文化传播渠道，把大量理论转化为音频和视频等富有感染力的渠道提供给学生来学习，使得学生感受到传统文化的核心能量。思想教育老师需要完善地学习网络科学，对大学生进行多角度的教育和引领，同时对网络资源完成详尽的审查，为学生增设更加行之有效的思政教育主要手段和实施方案。

（三）促进思想政治教师人才的自我修养

教师必须要有坚定的政治方向，成为大学生自由生活和成长的方向标和指路牌。所以，改革大学思政教师人才培养模式和建设是必不可少的。当前，在大学思政教师人才的引进和相关后期建设中也存在许多问题，例如，个别教师没有相应提高自身素质，无法将足够的时间投身自己的事业，甚至自身对中国传统文化都知之甚少。这样，必然使得大学思政课的教学成效甚微，无法实现本科目当初设立的初衷和最终课程效果。

（四）教师授课的态度要得到正视

教学的实施是一种对世界的认知和了解的过程，其为学生学习和老师教学两个部分的结合体。教师的根本任务是教书和育人，因此其各方面的综合素质，直接影响着能否完美地建设学生的知识框架，达到提升其动手能力的终极要求。同时教师的教学心态也在一定的层面影响着能否提高和增进学生的个性和精神状态的健康成长，使其具备良好的思想道德境界。因此，高校教师必须将思政教育视为一门非常关键的学科来加以重视，在教学的过程中主动优化教学措施，要严于律己，完成自己的职责和工作任务，这样才可以促进教育的实效。另外，思政教师还要言行一致，这样才可以促进和提升学生学习思政的积极性。

（五）加强教师对中国传统文化的学习和理解

知识渊博的教师通常会赢得学生的认同和尊重，所以，必须持续地完善教师的知识深度和广度，使其多层次地理解传统文化的深层次的内涵，让多层次的传统知识持续地装备教师人才，来展现他们自身的影响力。通过这些措施，方能得到更多学生的认可和接受，增进学生对传统文化浓厚的激情和兴趣。

（六）开展实践教育

1. 融入课程实践

应充分利用高校思想政治教育课程的实践课，适时融入中华优秀传统文化元素。设立实践基地，将实践的场所设置在中华优秀传统文化资源丰富的地方，如博物馆、纪念馆、园林故居等；在学生进行实践调查时，引入中华优秀传统文化相关选题，在实践过程中强化学生对中华优秀传统文化的感知与体验，增强传承中华优秀传统文化的自觉性。

2. 开展主题实践

在学生进行党团组织的主题活动时，将中华优秀传统文化寓于其中。学生在制作策划方案、撰写讲稿、手工制作等过程中，都可以潜移默化地加强对中华优秀传统文化的理解与认同。学生服务社会的过程是感受个体价值的过程，也是用实际行动诠释中华优秀传统文化道德追求的具体表现。

（七）借助网络传播手段

第一，要因地制宜，结合所处区域，充分挖掘区域优势，将中华优秀传统文化传承与地方的历史文化结合，打造更有特点的网络阵地。第二，要推动网络产品的通俗化、大众化，考虑学生的接受水平、能力、方式，提炼中华优秀传统文化的精神内核，将精神寓于通俗化、大众化的网络产品中。第三，要从"小切口"切入，以生活为导向，更接近青年学生生活，从而使学生对中华优秀传统文化获得更深层次的认同。

六、将传统文化融入文化场域

（一）重视校园文化环境营造

一方面，可以打造校园环境载体，用实物展示中华优秀传统文化，如打造历史上的名人名家的雕塑；在设计、命名校园建筑、道路等的时候考虑有相关意义的中华优秀传统文化元素。另一方面，重视文化平台建设，在功能定位上体现中华优秀传统文化的育人价值，如开设专家、非遗传承人讲座等，营造校园文化氛围；组建传统文化传承社团，如经典阅读、民乐、相声、书画等学生社团；开展传统文化相关的文化活动，如经典阅读、诗词竞赛、国学竞赛等。

（二）开展传统节日庆祝活动

中国传统文化中的伦理道德与中华民族对生命的关注都寓于中国传统节日中，如清明节是对逝去祖先的祭奠，端午节的背后是爱国主义情怀，重阳节是对长者的尊重，中秋节是家国情怀的具象。在进行大学生思想政治教育的过程中应充分挖掘传统节日的思政元素，予以展示、传播，引导学生积极参与体验活动。

第五章　中国优秀传统文化融入高校思政教育实践

本章为中国优秀传统文化融入高校思政教育实践研究，主要从中国优秀传统文化融入高校思政教育的阻碍、中国优秀传统文化融入高校思政教育的措施分析、中国优秀传统文化融入高校思政教育的实践策略几个方面展开论述。

第一节　中国优秀传统文化融入高校思政教育的阻碍

一、课堂教学中优秀传统文化融入力度不足

当前，尽管很多高校积极响应党中央关于大力弘扬中华优秀传统文化、加强中华优秀传统文化教育的号召，不断尝试在课堂教学中引入优秀传统文化因素，通过校园文化活动等方式展现优秀传统文化的魅力，取得了一定的成效，但是具体活动的推动力度还有待加强。许多高校都有开设与优秀传统文化有关的选修课程，但课程学时以及考核力度都十分有限，选修课程的强制性和覆盖性也不够高，难以真正有力推动大学生自主学习优秀传统文化的内涵。事实上，课堂教学不仅应当是大学生思想政治教育的主阵地，还应当是传承优秀传统文化的主渠道。现在仍然存在将思想政治教育以及传承与弘扬优秀传统文化单纯地当作思想政治理论课的教学任务的情况，急需在思政以及专业课堂教学中加大优秀传统文化的融入力度。

二、高校的优秀传统文化教育体系不完善

第一，中华优秀传统文化的学科体系尚未健全。当前，在课堂上给学生讲解

关于中华优秀传统文化的知识只能在语文课上、历史课上、政治课上有小部分的提及，并不能形成专业的教学体系，单独研究成果不充分，教育体系不完善，因此对学生的影响并不大。第二，高校从事优秀传统文化教学的教师匮乏。随着经济的发展，国人生活水平的不断提高，对精神的追求也越来越丰富，中国优秀传统文化越来越受到国人的关注。因此，高校纷纷设置了传统文化课程。但与此同时，也带来了优秀传统文化教师稀缺的问题。部分教师是跨学科教学，自身对中国传统文化的认识就不足。还有的学校尽管设置了专门的教师，但由于学校管理与教师本人的不重视，也造成了教学效果差，教师素质不高的后果。第三，我国高校的优秀传统文化的课程设置不合理。目前，大学生们学习中华优秀传统文化只能从大学语文或者思想政治课才能了解到一点有关于中华优秀传统文化的知识，因此大学生们能够在课堂上学习到的知识是十分有限的。有一些高校确实设立了一些关于中华优秀传统文化的选修课程，但是由于选修课程不是必修课程，所以覆盖的人数有限，也不能起到一个很好的效果。

三、校园文化环境的优秀传统文化氛围不足

校园文化环境与课堂教育教学是相辅相成的关系，二者的有机结合能有效促进优秀传统文化的融入。

可以看到，在大学校园中虽然经常开展各种各样的活动，但大多都是集中在社交层面或专业技能层面。有的学校开展传统文化教育活动，如讲座、比赛等带有一定正式性的活动，多数是一种针对理论性内容的讲解，既没有将优秀传统文化的内容与大学生的现实生活相联系，做出符合大学生心理特点的阐述，激发大学生学习传统文化的积极主动性，也没有将优秀传统文化的内容用多元的形式讲出来，难以激发大学生了解优秀传统文化的兴趣。

四、优秀传统文化融入大学校园文化的感染力不大

校园文化是以社会主义先进文化为主导，以学校校训精神为内涵，以师生校园文化活动为内容，涵盖高校范围内所有教职工和学生在发展过程中共同奋斗凝练而成的精神文明和物质文明的价值体系。中国优秀传统文化资源是大学校园

文化建设中不可缺少的一部分，但通过前期的实证调研结果发现，各高校并没有营造出百花齐放的传统文化氛围，在融入校园文化建设过程中缺少感染力和亲和力，难以和大学生群体产生情感上的共鸣。此外，在校园文化物质载体方面如学校校史馆、纪念意义的雕塑、广场宣传栏等，也普遍存在更新速度偏慢以及内容枯燥乏味的现象。

五、大学生对优秀传统文化的价值认知并不深入

将优秀传统文化熔铸于思想政治教育，能够激发大学生传承与弘扬优秀传统文化的使命担当。总体来看，当前我国大学生的思想政治状况是积极向上的。大学生对优秀传统文化也逐渐有了一定的认识与了解，但对优秀传统文化的价值与内涵缺乏深入系统的认识，这会导致大学生无法正确衡量优秀传统文化的价值，弱化优秀传统文化对大学生的内在影响。

六、家庭对大学生的优秀传统文化教育相对薄弱

这主要表现在：（1）部分学生因为家庭条件有限，不足以保障对中华优秀传统文化的教育效果。（2）学生家长文化程度不高，导致家庭对孩子关于中华优秀传统文化方面教育的缺失。（3）家庭的优秀传统文化传承氛围不足，部分家长对子女的关于中华优秀传统文化教育不够。

第二节 中国优秀传统文化融入高校思政教育的措施分析

一、从制度机制角度分析

（一）建立有利于文化融入的领导体制和工作机制

建立科学的领导体制和工作机制是促进高校思想政治教育传统文化融入的重要保证。高校思想政治教育传统文化融入的领导体制主要体现在组织、人才、思想等方面，是管事、管人、管思想的有机统一。高校思想政治教育传统文化融入的工作机制是领导体制的进一步细化和具体化。

1. 统一领导、齐抓共管

推动高校思想政治教育的传统文化融入，应建立健全高校思想政治教育和文化建设的有效管理机制。应始终坚持党的统一领导，建立党委"一把手"负责的领导机制。同时，充分发挥党政工团等各部门和各团体的积极作用，发挥各条战线、各个行业、各个领域的积极作用，努力形成党委统一领导、党政工团齐抓共管、各部门各单位各负其责、全社会共同参与的领导体系和工作机制，形成一种专职与兼职相结合，行政干部、业务干部、技术干部以及其他人员共同参与的大格局。

（1）高度重视、切实负责

各级党委应高度重视高校思想政治教育的传统文化融入问题，充分认识到高校思想政治教育的文化融入是时代发展的必然趋势，是推动新时期高校思想政治教育改革创新和社会主义文化大发展、大繁荣的客观要求。各级党组织应切实肩负起领导和指导思想政治教育和文化建设的重要责任，对高校思想政治教育文化融入的主要目标、主要任务、过程步骤、目的意义等都要通盘考虑、精密筹划、周密部署，认真研究和解决文化融入过程中可能遇到的矛盾和问题，不断推动高校思想政治教育文化融入的纵深发展。各级党组织应切实把推动高校思想政治教育的传统文化融入列入日常的重要工作议程，列入经济社会改革发展的总体规划中，防止出现"嘴上重视、行动忽视、待遇歧视"的现象。

（2）加强党组织的领导

各级党组织切实加强对高校思想政治教育和文化建设工作的领导，既能提高党的权威、改进党的领导方式和执政内容，又能保证文化建设的社会主义方向，从而为推动高校思想政治教育的传统文化融入提供强大的精神动力、良好的环境条件、有力的组织保障。

在高校思想政治教育和文化建设中坚持党的领导，应该将各级党组织的"一把手"作为传统文化融入工作的第一责任人，其他领导人员也应该明确任务、各负其责，切实将高校思想政治教育和文化建设的领导权抓在手上，落实到具体工作之中，并将高校思想政治教育和文化建设的成效作为工作考评和选拔领导干部的重要标准。

（3）优化高校思想政治教育和文化建设的有效管理机构

一定的管理机构是高校思想政治教育和文化建设的"协调装置"。管理机构的设置是否合理、运转是否协调，将对高校思想政治教育和文化建设的发展有着重要的影响。优化高校思想政治教育和文化建设的管理机构，能够使决策、组织、领导、控制、创新等职能处于科学、有序的状态，从而最大限度地促进社会各类资源的优化配置，激发起广大学生的积极主动性，从而不断地将高校思想政治教育和文化建设工作向前推进。

优化高校思想政治教育和文化建设的有效管理机构，能够为推动高校思想政治教育和文化建设的创新提供源源不断的精神动力和物质保障，能够有效地实现高校思想政治教育传统文化融入的目标。如果相关管理机构的配置不合理，甚至出现职能重叠、职责不明、运转不灵、效率低下等情况，必然会影响到高校思想政治教育和文化建设优化的生机和活力，阻碍高校思想政治教育的文化融入。因此，优化管理机构，关键在于对相关管理机构进行合理配置，明确相关机构的职责，保证管理机构的协调、高效率运行。

（4）加强文化传播部门的作用

文化传播媒介在传播社会文化和文化产品过程中发挥着极为重要的作用，对社会文化环境也产生着重要的影响。文化传播部门在加强社会主义精神文明建设、整治社会文化环境中的责任也非常重大。在经济效益和社会效益面前，各类报纸、杂志、广播、电影、电视、网络等一定要树立起社会效益为先的思想观念，正确把握文化导向，积极报道反映社会主义新风尚的好人好事，播放能够体现积极向上、艰苦奋斗、见义勇为等伟大精神的电影电视作品，传播各种既能够反映中华民族传统美德，又富有时代精神的文化产品，杜绝各类精神不振、庸俗低俗的文化产品进入媒体，防止其污染文化环境。

（5）加强文化管理部门的作用

文化管理部门在社会文化市场的管理和文化环境的整治中发挥着重要的作用。加强文化管理部门的作用，一是应加快立法，建立健全社会主义文化市场的相关规章制度，从制度上保证文化市场的健康发展。比如：建立各种媒体尤其是新媒体的登记审查和定期检查制度，建立文化工作人员的教育培训制度，建立对文化市场的治理制度和违法人员的惩治制度等。二是应加大执法力度，做到严格执法。应加大对文化经营部门的监督检查力度，坚持固定检查和突击检查相结合，形成文化监督检查的常态化、长效化机制。大力加强对文化环境的整治力度，通过采取各种有效措施打击制黄贩黄、盗版剽窃等活动，禁止低俗庸俗的、腐朽落后的文化产品进入文化市场，以净化文化市场环境。

2. 引导群众积极参与

党的思想政治教育和文化建设工作，实质上都可以说是党的群众工作，是一个教育群众、发动群众、引导群众、提高群众的过程。在这个过程中，群众并不是消极被动的，而是积极主动的，是充分发挥自身的聪明才智积极参与建设的。

（1）树立全员共建意识

高校思想政治教育的传统文化融入是一项系统性的工程，这项工程的完成，离不开党的坚强领导，同时也离不开各个部门、各个单位、各个环节的协调和配合，离不开广大学生的积极参与。推动思想政治教育的文化融入，单纯依靠几个部门的努力是完成不了的，更需要广泛发动各个方面的力量，调动起学生参与建设的积极性和主动性。因此，推动高校思想政治教育的传统文化融入，应在全学校树立起全员共建的意识，充分调动起全校师生的积极性、主动性和创造性。

只有师生都深刻地认识到自己的责任并主动肩负起责任，努力做好本职工作，才能有力地促进高校思想政治教育和文化建设的同步发展、协调发展、融合发展。

（2）引导广大师生积极参与

推动高校思想政治教育的传统文化融入，不能只是依靠政府部门的努力，还需要依靠广大师生的积极参与。这就需要引导全校师生的共同参与，提高广大师生的参与能力，激发他们参与的积极主动性；需要确立师生的主人翁地位，真正实现民主参与，建设积极向上的参与氛围。一是改进工作方式。领导干部应转变思想观念，坚持密切联系群众，充分尊重师生的主体地位，发挥师生的主体作用，将党的一切工作都置于师生的监督之下，接受广大师生的监督和考核。通过各种途径及时、定期地与广大师生沟通信息，让广大师生了解当前的形势和任务以及面临的各种问题和困难，增强广大师生的责任感、使命感。二是引导广大师生积极参与到社会生产、经营、管理、服务等整个过程中，使广大师生与经济社会的发展同呼吸、共命运，从而形成一个能够相互依靠、相互促进的利益共同体。

（二）建立高校思想政治教育与文化的互动发展机制

实现高校思想政治教育的传统文化融入需要保持思想政治教育与传统文化之间的良性互动和同步发展。如果高校思想政治教育与传统文化之间出现隔离或者其中的一个严重滞后于另一个，就会深刻地影响到高校思想政治教育的传统文化融入效果。

1. 建立高校思想政治教育与文化的互动机制

推动高校思想政治教育和传统文化的互动，要求实现高校思想政治教育和文化在内容上、功能上、载体上、方法上的互动与整合。高校思想政治教育与文化的互动包括主客体的互动，内容、方式、目标的互动，以及主客体与内容、方式、目标的互动等。

第一，建立高校思想政治教育与文化的平衡协调机制。建立高校思想政治教育与文化的平衡协调机制，要求人们主动地对社会文化信息进行积极的反馈、筛选和辨别，从而形成高校思想政治教育和文化的正确导向机制。一方面充分发挥高校思想政治教育的主导作用；另一方面从组织、制度、方法等方面建立和完善社会主义文化建设的导向机制，进而主动吸收各种文化信息中的积极有益的成分，丰富和充实思想政治教育和文化的内容及形式，为高校思想政治教育和文化增添时代色彩和生机活力。

第二，建立高校思想政治教育与文化互动的规范、约束、引导机制。建立高校思想政治教育与文化互动的规范、约束、引导机制，需要从以下几个方面进行努力：一是发挥社会主义文化对人们的思想和行为的规范、约束和引导作用。二是形成个人的自我教育、自我导向和自我完善机制。三是充分发挥社会精神、集体舆论、典型榜样、人际环境以及各种规章制度等对人们的规范、约束和引导作用，促进社会主义文化的健康发展。

第三，建立高校思想政治教育与文化互动的保障机制。建立高校思想政治教育与文化互动的保障机制，需要从以下几个方面进行努力：一是帮助人们形成正确、高尚的自我导向机制，使人们自觉地、主动地、正确地对各种文化信息进行辨别、筛选、消化、吸收，使人们的思想文化素质的提高过程变成一个自我教育、自我完善的过程。二是经常对广大群众进行理想信念、中国特色社会主义、国情社情、形势政策等方面的教育，使广大群众在面对各种社会文化思潮的冲击时保持坚定立场和正确方向。三是结合我国的基本国情和广大群众的个体发展需要，加快人们尤其是青少年的政治社会化进程，使他们在政治社会化过程中形成正确的价值目标、政治态度、道德规范、职业角色等。四是开展多种形式的社会实践活动，形成社会实践、科技文化服务、经济建设"三位一体"的活动机制，积极组织广大群众参与到这些社会活动之中，介入经济社会发展的整个过程之中，在亲身实践中提高思想素质、锻炼工作能力。

2. 建立高校思想政治教育与文化的同步发展机制

开展有效的高校思想政治工作是党的优良传统，也是党多年来积累下来的宝贵经验。在社会主义市场经济不断健全和完善的今天，思想政治教育仍然是一项不可或缺的重要工作，并在经济社会发展的各个方面都发挥着重要的作用。社会主义文化建设作为中国特色社会主义建设布局的重要部分，是"五位一体"中的重要一位，并在经济社会发展中越来越显示出它的重要性。从一定意义上说，一个国家的文化发展状况决定了这个国家的竞争力的高低，文化已经成为国家发展的重要动力。可见，无论是思想政治教育还是文化建设，都是党的事业的一部分，都在各自的领域中发挥着不可替代的作用，并且这两者相互促进、相辅相成。思想政治教育保证了文化建设的正确发展方向，而文化建设也推动了思想政治教育的改进和创新。

高校思想政治教育和优秀传统文化建设虽然存在着密切的联系和相互作用，但这种相互作用还是存在一定的差别的。高校思想政治教育对传统文化建设更多的是一种指导作用，而文化建设对高校思想政治教育更多的是一种促进作用。也就是说，高校思想政治教育在"两个文明"建设中处于指导地位，具有导向作用。高校思想政治教育指导着文化建设保持社会主义方向，而文化建设为高校思想政治教育创造了必要的条件和良好的环境。文化建设以其独特的文化方式和活动方式为高校思想政治教育提供了新思路、新内容和新方法，有效地促进了高校思想政治教育向深度和广度的拓展。

从整体上看，虽然高校思想政治教育和文化建设具有许多相同之处或相通之处，能够实现有机结合，但在实际工作中，这两者都不能偏废，更不能相互替代。高校思想政治教育和文化建设承载着不同的社会职责，在经济社会发展中发挥着各自不同的作用，不能以文化建设代替思想政治教育，更不能以思想政治教育代替文化建设。否则，就会模糊界限，不仅会削弱思想政治教育的作用，还会使传统文化建设失去指导方向。

建立高校思想政治教育与文化的同步发展机制，应坚持高校思想政治教育和文化建设同时加强、同步推进，在工作的具体部署和安排上应保证思想政治教育与文化工作的同步骤、同安排。应逐步建立有利于促进思想政治教育文化融入的多层次、多形式、立体化、开放式的工作平台，建立以信息反馈、信息整理、信息共享为基础的工作系统，在加强对各种信息的反馈、整理、共享的基础上，推动思想政治教育和传统文化建设的同步发展、融合发展。

（三）建立高校思想政治教育文化融入的推动和保障机制

实现高校思想政治教育的传统文化融入，需要一定的推动力量和保障力量，这就要逐步建立健全高校思想政治教育传统文化融入的动力机制、反馈评估机制和保障机制。

1. 建立高校思想政治教育文化融入的动力机制

高校思想政治教育的文化融入需要一定的推动力量，这种动力直接来源于人们的精神文化需要。实践证明，思想政治教育和文化建设只有在拥有一定动力的时候，才能促进文化更好地融入思想政治教育的工作之中。

（1）建立高校思想政治教育文化融入的利益驱动机制

利益是高校思想政治教育和文化建设的出发点和归宿点。利益驱动是高校思想政治教育传统文化融入的动力机制中的最基本的力量。

高校思想政治教育和文化建设都反映了一定的利益关系，都服从和服务于一定社会阶层或利益集团的利益，并在一定程度上能够满足人们的政治利益和文化利益。离开了利益，思想政治教育和文化建设也就失去了存在的条件和价值。高校思想政治教育和文化建设的一个重要作用就是引导人们的利益追求方向，引导人们树立正确的利益观和价值观，从而调节社会的各种利益关系，尤其是正确处理好满足物质利益与提高思想境界之间的关系。

（2）建立高校思想政治教育文化融入的政策驱动机制

政策驱动是动力机制中的重要力量。高校思想政治教育文化融入的政策驱动机制，主要是指中央、地方、基层等各单位制定、下发的各种政策、条例、纲要、意见、通知等。这些政策的制定和实施，主要用来满足人们的政治文化需要以及对人们的各种需要进行调节。当人们的需要具有合理性、正当性，并与社会的发展目标相一致时，就应该制定政策进行鼓励和支持，进而调动人们的积极主动性，实现社会发展目标；当人们的需求过高、不切实际或者与社会发展目标不一致时，也应该通过各种政策或制度措施对人们进行价值引导，合理调节人们的各种需要，将人们的思想引导到社会发展的轨道上来。

（3）建立高校思想政治教育文化融入的精神驱动机制

精神需要属于人的高层次的需要，包括进行社会交往、获得社会尊重、取得社会成就、促进个人发展、实现自我价值等。高校思想政治教育和文化建设的一个重要目标就是为人们提供强大的精神动力。

精神驱动机制是动力机制中的隐性推动力量。高校思想政治教育文化融入的精神驱动机制，主要是指以目标激励、精神激励、情感激励等为主的激励，体现在思想政治教育和文化建设的组织者和参与者的思想观念、理想信念、道德素质、情感意志等方面。这些因素是人们从事生产生活及其他一切社会活动的重要精神推动力量。新形势下，推动高校思想政治教育的文化融入，就是要大力开发人们的精神动力，创造良好的文化环境和社会环境，不断为建设中国特色社会主义和实现中华民族伟大复兴提供精神动力、智力支持和思想保证。一是把文明意识、服务意识、竞争意识、忧患意识等汇集成一种群体意识，使人们的精神境界得到优化和提高。二是从人们最关心、最需要帮助和解决的事情入手，多做得人心、暖人心、稳人心的工作，达到以情感人、以事促人的效果。

2. 建立高校思想政治教育文化融入的反馈评估机制

对高校思想政治教育文化融入的效果进行评估，其前提是收到高校思想政治教育的反馈信息。因此，一定的信息反馈是对高校思想政治教育的文化融入进行有效评估的前提条件。完成传统文化融入的评估，要求全面建立高校思想政治教育的信息反馈系统，并对高校思想政治教育文化融入的实际状况、融入进度、融入效果、功能作用等方面进行全面的测量和评价。

（1）建立高校思想政治教育文化融入的信息反馈机制

畅通的信息反馈机制是对高校思想政治教育和文化建设进行有效调控的前提，也是保证高校思想政治教育文化融入有效推进的基础。及时了解计划的执行情况、思想政治教育和文化的发展与融入情况，有利于及时发现问题、掌握具体情况，牢牢把握住高校思想政治教育和文化建设的主动权；有利于对相关信息及时进行反馈沟通，不断研究解决新问题，为进一步作出正确决策提供保证。如果没有及时、全面、准确的信息反馈，就很难对高校思想政治教育文化融入的过程进行调节和控制，也就无法达到应有的效果。

建立高校思想政治教育文化融入的信息反馈机制，需要从以下几个方面做出努力：一是在各个部门和各个单位建立信息上报制度、信息流通制度、信息公示制度，以确保信息的畅通。二是将各级党委的宣传部门作为思想政治教育的信息反馈和集散中心，并根据反馈信息及时作出工作情况报告，提出改进的意见和建议。三是各级党委加强对工会、共青团、妇联等社会团体的领导，将他们作为密切联系群众的重要渠道，发挥自我教育、自我管理的作用。四是建立合理、及时、畅通的信息机制，促进社会群体反映民意的规范化、常态化、长效化。

（2）建立高校思想政治教育文化融入的效果评估机制

有效地开展对高校思想政治教育文化融入效果的评估，有利于增强思想政治教育文化融入的计划性和针对性；有利于准确地评价和衡量思想政治工作者的绩效和贡献，正确认识高校思想政治工作者的劳动价值；有利于进一步推动高校思想政治教育内容和方法的改革创新，提高高校思想政治教育的科学化水平。建立高校思想政治教育文化融入的效果评估机制，应明确评估标准、制订评估计划、细化评估责任、形成考核机制。

第一，明确高校思想政治教育文化融入的评估标准。对任何事物的评估都离不开一定的标准。评估标准的确立是有效开展评估活动的必要前提。高校思想政治教育的文化融入活动也不例外。马克思主义告诉我们，实践是检验真理的唯一标准。评价活动的先进与否，关键要看它是否有利于促进社会生产，是否有利于推动经济社会的全面发展。高校思想政治教育文化融入的评价标准也应该体现在是否有利于促进经济、政治、文化、社会、生态等的全面协调可持续发展，是否有利于促进人的全面发展，是否有利于促进思想政治教育的功能发挥、作用实现以及文化的发展和繁荣方面。

第二，制订高校思想政治教育文化融入的组织目标和实施计划。开展高校思想政治教育和文化建设工作应有一定的计划性，应在每一年度或每一季度制订组织目标和活动计划。在进行年度总结和考核评价时，应将日常的工作情况和实施效果与年前的目标和计划进行对照，看实际工作情况是否与工作计划相一致，制订的工作目标是否已经实现。

第三，探索促进高校思想政治教育文化融入的责任制。加强对高校思想政治教育文化融入的年度总结和考核评价，根据设计规划、组织制度及相关政策建立思想政治教育文化融入的责任制。把履行高校思想政治教育文化融入的任务纳入述职内容当中，接受党员群众的民主评议和监督，并将考核结果作为干部晋升、物质奖励的重要依据。完善奖惩机制，增强思想政治工作者和文化工作者的使命感和光荣感，激发出他们的积极性、主动性和创造性。

第四，探索推进高校思想政治教育文化融入的定性与定量相结合的考核机制。对高校思想政治教育的评估，一般都停留在定性评估的层面，这是高校思想政治教育活动难以量化的特点所决定的。对高校思想政治教育的定性评估，是指对高校思想政治工作者的活动进行宏观上的分析和鉴别，通过评价高校思想政治教育的效果和影响程度来定性分析他们的工作是否优秀、是否合格，包括听取工作汇报、进行实际考察、听取他人意见等。这种定性分析方法发挥着一定的作用，但主观性比较强，评估效果的好坏在一定程度上受到评估人的主观影响。因此，应积极探索思想政治教育文化融入的量化考核机制，建立高校思想政治教育文化融入的评估指标体系，运用模糊数学等方法将行为变成数据，通过对行为数据的分析对思想政治教育的效果做出科学评价。当然，在评估过程中，这两种方法都是不可缺少的，应实现这两种方法的有效结合。

3. 建立高校思想政治教育文化融入的保障机制

高校思想政治教育的传统文化融入需要有一定的制度作为支撑和保障，特别是国家的相关法律法规对思想政治教育文化融入的有效实施具有促进作用。保障机制为高校思想政治教育的文化融入提供了必要的物质条件和制度基础。高校思想政治教育文化融入的保障机制，主要包括组织保障机制、队伍保障机制、物质经费保障机制、制度保障机制等。

（1）建立高校思想政治教育文化融入的组织保障机制

建立高校思想政治教育文化融入的组织保障机制，党委（党组）"一把手"应该是第一责任人，应负起主要的领导责任，其他的领导成员也应明确各自的任务，担负起各自的责任。各单位、各部门的主要负责人是所属单位或部门开展思想政治教育和文化建设工作的第一责任人，应全面保障高校思想政治教育的文化融入取得良好成效。

各级党委可以根据实际工作需要建立联席会议制度，对高校思想政治教育和文化工作实行有效的领导。可以成立工作协调机构，由分管宣传和思想政治工作的党委书记任组长，协调思想政治工作和文化工作的部署和实施。党委宣传部是具体的执行部门，办公室、组织部、工会、人事处等部门都参与其中，各个部门密切配合形成促进思想政治教育文化融入的有效合力。

（2）建立高校思想政治教育文化融入的队伍保障机制

推动高校思想政治教育的文化融入，需要一支政治强、业务精、作风正、素质高的干部队伍做保障。高校思想政治教育的文化融入是一个长期的过程，不可能在短期内就很快完成，这就需要建立一支高素质的专职干部队伍。建设高素质的高校思想政治工作者队伍和文化工作者队伍是做好思想政治教育和文化建设工作、推动文化有效融入高校思想政治教育的客观要求。

提高高校思想政治教育文化融入的有效性，要求这支高素质的干部队伍既要能够胜任高校思想政治工作，又要能够承担文化工作，能够始终坚持"两手抓、两手都要硬"的思想。一是按照素质高、结构优、队伍稳定的要求，选拔一批"德才兼备"的、政治文化素质高的中青年人才充实到思想政治工作队伍和文化建设队伍之中。二是各级党委和部门应加强对专职干部的教育和培养，积极开展各种教育培训活动,使他们定期学习,不断提升干部队伍的思想理论素质和实际工作能力。三是组织思想政治工作者和文化工作者深入实践、调查研究,不断研究新情况、发现新问题、探索新规律,在实际工作中提高工作能力和文化水平。四是增强思想政治工作者和文化工作者的事业心和使命感,增强他们工作的荣誉感,使思想政治教育工作和文化建设工作得到全社会的尊重和重视。

(3)建立高校思想政治教育文化融入的物质经费保障机制

有效开展高校思想政治教育和文化建设,推动高校思想政治教育的传统文化融入,需要在人力、物力、财力等方面进行大量的投入,以改善思想政治教育和文化建设的外界条件。可以说,推动高校思想政治教育的文化融入,经费保障尤为重要。一是加大经常性教育经费、大型宣传教育活动和文化活动经费、理论研究和实践调研经费的投入力度,满足高校思想政治工作者和文化工作者的教育培训、表彰奖励等方面的经费需要。二是在财政预算时,对高校思想政治教育和文化建设进行独立预算,能够有足够的经费配备相关设施、组织开展各种具体活动等。三是各级各地党委应把思想政治教育和文化建设的基础设施、基本设备、活动场地、基本建设等纳入当地的总体建设规划当中,从基本建设经费中给予保证。思想政治教育和文化建设的设施、设备应该面向现代化、面向世界、面向未来,充分利用现代技术手段,使思想政治教育活动和文化活动生动形象、寓教于乐。

(4)建立高校思想政治教育文化融入的制度保障机制

在社会主义市场经济深入发展的今天,推动高校思想政治教育和文化建设工作,促进高校思想政治教育的文化融入,已不再能够简单地依靠行政手段,而是要综合利用法律、经济、行政、文化等手段,尤其是要充分发挥法律的作用。建立有利于文化融入的思想政治教育制度体系,是推动思想政治教育文化融入、形成良好社会风尚的根本保障。一是对现有的思想政治教育和文化建设的各种规章制度进行全面修订和完善,建立健全多层次、全方位的有利于思想政治教育文化融入的制度体系,将社会倡导的文化道德原则融入思想政治教育和文化工作的各个方面。二是制定和完善有利于思想政治教育文化融入的具体政策措施,引导思想政治教育和文化建设沿着健康有序的方向发展。三是制定和完善思想政治教育和文化建设同步发展、融合发展的政策法规，使思想政治教育和文化建设切实得到法律的保障。四是在制定思想政治教育和文化建设的各项规章制度的基础上，进一步完善思想政治教育和文化建设的工作机制，切实保障思想政治教育和文化建设的各项规章制度得到全面的贯彻落实，保证高校思想政治工作者和文化工作者都能够切实地履行职责、完成任务，切实地各负其责、协调一致。

二、从学生角度分析

（一）端正大学生的学习态度

当前，大学生受到社会大环境的影响，将学习的目的视作是为了在毕业后获得一份较为舒适又能赚钱的工作。基于此，在学习过程中将重点集中在专业课方面，认为只有提升自身在专业课方面的学习能力，强化自身技术水平，才能够获得更好的工作机会。正是由于这一原因，绝大多数学生在专业课学习方面付出了诸多努力，将其视为学习的目标，而忽视了对传统文化的学习，并将与传统文化相关联的课程视为无用课，在课堂中的专注度不高，课后更不会对其进行钻研。从学校层面而言，也是只重视专业课程，而对传统文化的关注度较低。对于部分高校而言，甚至于未能在此方面开设相应课程。正是由于上述问题的存在，给学生思想造成了相应影响，导致在传统文化课程中，学生课堂专注力较低，普遍认为此类课程的学习没有什么作用，而不愿意在此方面投入较多精力。

为了能够更好地转变学生观念，端正大学生学习传统文化的态度，需从下述方面进行。一方面，在学校内部开展相应的宣传教育，借助于这种方式来提升学生对传统文化功能的认识和学习；另一方面，对目前高校学生在职业至上方面的认识进行纠正，使学生认识到仅仅掌握专业技术是不够的，一个优质性的人才不但需要拥有扎实的专业技术能力，同时也需具备较为完善的品格素养。

（二）提升大学生学习主动性

为了能够更好地实现对传统文化的弘扬，使其所蕴含的德育功能充分发挥，同时对学生道德素养建设与行为产生正向影响，在教学过程中便需结合学生兴趣来开展相应工作，从而提升学生学习积极性。从学校层面而言，在进行人才培养方案设计时可引入传统文化方面的内容，提升对传统文化教育的重视度，并将其在教学中所对应的位置提升至与专业课教育相一致的水平，或者在此方面设置相应的证书。从用人单位的角度来看，为了给企业招聘到高素质人才，在入职考核方面便需引入传统文化方面的内容，以实现对学生的硬性要求。通过一系列举措，使大学生能够在传统文化学习方面养成较好的主动性，以此来促成行为规范的养成，培养学生的传统文化情怀。

（三）丰富大学生的学习内容

传统文化融入高校思想政治理论课，教材是必不可缺的载体。当前，我国很多高校的思想政治理论课教材还没有将传统文化内容列入其中，学生能够通过教材学到的传统文化知识少之又少。所以在教材方面，可以在现有教材体系的基础上，有选择、有针对性地涉及更多传统文化知识，丰富大学生传统文化学习的内容。例如，学生的传统文化学习内容可以增加人格教育，引导学生学习《论语》中的"君子人格"，《周易》里的"厚德载物"思想。

三、从教师角度分析

在教学过程中，教师需要以身作则，充分发挥自身所对应的示范和榜样作用，以此来实现对学生的正面引导。教师自身对于传统文化的认识与素养情况，也会对传统文化的价值实现产生显著性影响。因此，在教育的过程中，为了能够更好地挖掘传统文化价值，教师必须全面提升自身在传统文化方面的素养。

（一）提升思政课教师自身的思想道德素养

《国家"十二五"时期文化改革发展规划纲要》中提到，学校必须强化人才队伍建设，在学校内部培养出一大批结构层次分明、类型完善、素养较高的教师队伍。为了能够更好地实现对传统文化与高校思政课的结合，发挥传统文化价值，除了要增加师资力量，提高教师自身的思想道德素质也不容忽视，这样才得以在新的时代条件下面临新挑战、开辟新道路、创造新辉煌。高校思想政治理论课教师首先需要具备较为完善的人格与素养，同时拥有高尚的道德品质，与人相处过程中能够给人留下亲切印象。思想政治理论课的开展，其目的便是为了实现对学生思想道德素养的提升，教师在教学中展现出的个人素养，会对学生思想与行为产生显著性影响。只有其拥有较高素养与道德，才能给学生树立良好的榜样力量，引导学生提升其道德素养。由此可知，教师自身人格与道德素养情况，与学生品质提升之间具有较大关联，为更好地实现对学生素养的强化，首先就需提升教师的思想道德素养。

一方面，对于思政课教师而言，必须拥有良好的传统文化素养，对传统文化具有较高认识。思政课教师可以借助阅读古书典籍、学习传统技术、参加与传统文化相关联的讲座、欣赏文物古迹等方式提升传统文化素养。与此同时，在教学过程中需要注重传统文化与思政教育间的充分融合，借助中华优秀传统文化来更好地实现对学生的积极影响，给学生思想行为等方面树立起榜样力量。在教学工作中，教师行为语言均能够在一定程度上展示出其所对应的传统文化底蕴，这样学生在学习过程中就会对其进行相应学习与模仿，从而最终实现对学生行为方面潜移默化的影响。

另一方面，教师还需做到严于律己，以身作则。思政教育工作者自身在生活方面的态度、思想行为意识和道德品质等均能够给学生造成相应影响。基于此，在教学过程中，针对中国传统文化方面所进行的教学，需要注意自身行为举止等方面必须要与传统文化所对应的精神内涵之间具有较高的匹配性，同时以道德准则来对自身行为进行约束。与此同时，教师还需充分完善自身人格，强化自身道德素养，在高校学生中树立一个积极学习中华优秀传统文化的榜样。

（二）通过人才引进改善思政课的师资水平

在思政教育过程中，教师主要起到的是对学生的引导作用，帮助其树立正确的人生观、价值观，并努力促进其人格的完善，强化其思想道德素养。

在高校思政课中，引入传统文化进行教学，充分发挥传统文化的魅力与价值，首先就需要教师在传统文化方面具有较高素养。然而，这一要求，并非短时间内就能实现的，其属于一个长期学习与积累的过程。基于此，高校需引入传统文化素养较高的人才，由其开展思政教育工作，借助于这种主要手段来实现对学校内部教师团队建设的完善，确保传统文化价值的顺利实现。首先，引进社会各界或其他高校中有名望的传统文化工作者，对其进行聘用，使其在高校内部开展思政教学工作，同时对其在传统文化内涵等方面的挖掘工作给予相应鼓励，在学校内部设置一些同传统文化之间具有较大关联的选修、必修课程，也可以开展一些传统文化方面的讲座。其次，对社会中传统文化继承人进行聘请，邀请其来学校给学生传输一些传统文化的知识，又或者是邀请其在文化艺术展馆中针对传统文化技艺进行展示，同时在此过程中引入优秀传统文化教育方面的知识，以实现对教师、学生思想意识、道德素养的影响。最后，可由展览馆的志愿者和讲解员兼任高校传统文化教育者，带领学生参观各种传统文化展馆，并鼓励其在讲解过程中，将传统文化与学生素养提升进行关联，针对与传统文化相关联的展品进行深入性讲解，使得学生与教师能够更好地掌握到其所蕴含的道德教化意义，并对自身道德素养产生正向影响。

四、从高校课程体系角度分析

（一）鼓励传统文化写进思政课教材

实现中国传统文化与思政课的融合，教材是必不可少的一个重要载体。因此，学校要重视并大力鼓励对传统文化内容的开发，完善现有思政课教材的内容。

高校传统文化课程的设置是一个系统性工程，在此过程中，不但需要在人员分配方面做出相应努力，同时还需处理好传统文化课程同目前所开展的课程间的关系。一方面，在教材选择方面，需要防止出现重复性内容；另一方面，教学过程中所使用的教材也一定要具有经典易懂性，同大学生所对应的认知水平之间具有较高的匹配性。在课程设置方面，将必修课与选修课相结合，选取的教材既要有教师可讲之处，还要有学生自学的知识点。例如，在提升学生自信心方面，为了能够更好地实现对大学生理论、制度、文化、道路自信的强化，提升大学生爱国主义情怀，增强民族自豪感与自信心，便需引入"天下兴亡、匹夫有责"等方面的内容；在素质文明建设方面，则可在尊重自然这一理念的基础上进行教学，使得学生充分感受到传统文化的魅力所在；在社会主义核心价值观中，可借助于"仁、义、礼、智、信"来进行教育，同时引入一些比较典型的故事，如"三尺巷"等，以实现对学生的充分引导，提升学生在人际关系等方面的处理能力。

（二）融入思想政治理论课课堂教学

实现对传统文化与思政教育的融合，思政理论课教学是关键。对于大学生思想道德方面的教育，主要是借助于思想政治理论课来实现。在教学工作中引入传统文化，针对课程中所涉及的一些传统文化精神方面的内容进行解读，能够更好地帮助学生实现对历史文化、思想道德和情感价值等方面的认识与了解。在传统文化中蕴含了极为深厚的民族精神，这也是中华民族之所以能够获得长久发展的关键所在。

在思想政治教育中引入传统文化，实际上指的是将传统文化所蕴含的精神引入思政课教学中，使其同教学内容进行充分融合。例如，对于人际交往方面所开展的教学工作，可将其同儒家文化中的"礼"相结合进行教育；对于学生"爱国主义"精神的培养，可引入文天祥、岳飞等人比较经典的爱国事迹来对学生进行引导。借助于理性与养成教育，继而使得大学生更好地实现对传统文化理念的认识，同时结合传统文化中所蕴含的精神来对人生目标与态度给予相应调整，提升自身道德水平与精神素养。

（三）利用现代化媒体推广网络课程

对于全国各大高校而言，在网络教育方面都需要建立开放性的理念。要借助于互联网在便捷性方面的优势，结合思政教育的内容与开展的实际情况，进而针对中华优秀传统文化设计出极具优势的网站。高校积极开展网络教学等方面的活动，以实现对网络阵地的充分占领，构建出科学而又完善的传统文化网络教育体系。在网络平台设计中，可借助自身在多媒体方面的优势，增加在网络课程设计方面的资金投入，创新教学机制，以更好地实现对传统文化课程的设计，并将其所蕴含的极为优秀的精神文化传递给学生。通过开展网络课程教育，能够更好地将教材与多媒体资源相结合，提升学生对传统文化的了解。

除了推广传统文化课程外，还可利用校园网络开设传统文化教育专栏。一是能够针对校园内部传统文化所对应的教学情况给予相应介绍，同时实现对课程内容、进度等方面的跟踪，增进学生对此方面的充分了解；二是可以构建相应的交流平台，方便学生和教师线上、线下学习完传统文化课程后在网上进行学习和交流；可以将全国成功开展传统文化教育的高校个例介绍插入传统文化教育专栏中，介绍成功典型个例的传统文化教育方法、教育原则和教育效果，以便本校可以取经学习，并结合自己本校的特色与实际情况深入开展和创新。

（四）设置全面合理的课程评价机制

课程评价机制是展现学生学习成果的重要途径，同时又能够较好地体现学习与教学效果，给教学工作开展提供了相应指导。为了能够更好地实现对评价机制的完善，教育部提出，在传统文化教育方面，需要设置相应的评价标准；在进行评价指标设计时，同样需要结合传统文化教育方面的工作进行开展。同时也提出在课程实施方面，需要针对传统文化教育进行监督，定期举行一定的督导工作。在上述规定中，实际上就已经针对此方面的教育工作给予了整体性规划。然而，针对不同年级学生所对应学习情况进行评价时，所需使用的评价标准需要对其进行完善。从教学目标层面来看，《纲要》指出，进入大学教育以后，针对学生在传统文化方面所开展的教育工作，其目的主要是为了提升学生学习的自主性，使其在工作学习中养成良好的探究意识，提升其创新意识，强化其在社会中的责任感，将继承和弘扬传统文化视为自身责任所在，并在此方面做出相应努力。

与其他类型的理论课相比较而言，思想政治课程具有极为独特的属性，能够对学生思维意识方面产生显著性影响。与此同时，它所涵盖的范围也比较广。基于此，在进行评价标准的确定时，就需制定出匹配程度较高的评价标准。对于此方面的工作，可借鉴教育部所设计的评估方案来进行开展，通过对学校实际情况进行分析，进而制定出相应的评价体系，为评价工作开展奠定相应基础。具体而言，就是建立在此前所使用的评价体系的基础上，向其中添加一些同传统文化教学相关联的内容，使其在课程评估方面占据相应比例。在构建教学评价机制时，应当注意课程评价机制的整体性和实效性，可以涵盖必修和选修课程，同时结合思政理论课具体开展情况以及这样的传统文化教育是否具有针对性及教学情况等各个方面。在课程教育方面构建科学而完善的评价机制，能够给教学工作开展奠定良好基础。与之相反，倘若所构建出来的教学评价机制存在缺陷，便会给教学工作开展产生不利影响。为了提升教学评价机制所对应的创新性，便需借助于传统文化所具有的魅力与价值，开展一些针对性的评价工作，使其能够更好地同思政教育相匹配，同时给传统文化发展起到推进作用。

1. 课程评价标准

对于此方面工作的开展，首先需对指标类型进行划分，将其分为效能与素质两个方面。目前所使用的评价制度，主要是从效能方面来进行评价，而未能考虑到素质方面的指标。基于此，便需对其进行完善，向其中引入一些素质指标，并对其所占比重进行适当提升。具体而言，就是在对课程融合效果进行考核时，不应该只是单纯地以学生的卷面成绩为指标，同时也应该在此方面添加一些学生在认知、行为等方面的内容来对其进行评价。现阶段，对学生传统文化知识掌握能力的评估，主要是借助于期末考试的主要手段来进行，通过对学生所获成绩进行分析，能够实现对其知识水平情况的基本判断。然而，使用这种评价主要手段，一般难以较大程度地提升学生学习兴趣，也不利于提升学生的创新能力，有时甚至还会引起学生对课程内容的排斥，认为其枯燥无味。因此，高校在创新课程评价机制的过程中，需要借助于多元化的手段来进行评价。

可结合学生课堂表现、学习态度、课后作业完成情况等方面的内容来进行分析，针对学生资料收集能力、传统文化应用能力、辩证思考能力、问题处理的能力进行探究，确定其在上述方面是否实现了对传统文化的有效应用等等。只要学生在学习过程中态度端正，参与主动性强，能够较好地满足传统文化精神，就需对其进行认可。

2. 课程评价主体

评价机制的设置需要在教学的实践上进行。制订评价机制，不仅从教育对象的角度了解学生的受教情况，也要从教育者角度探寻传统文化教育的具体教学情况以及教学成果反馈，创新教育评价机制。

在制订评价机制时，既要深入到课堂一线，听取广大教师和学生的意见，也要结合中华优秀传统文化所宣扬的内容是否能对该高校的大学生产生有益反响。在评价主体选择方面，不仅需要涵盖教师、学校内部管理人员，同时也可以引入家长、毕业生、在校学生来对其进行评价。在评价过程中，要求各个评价主体需要及时进行反馈。与此同时，需对学生自评、互评工作开展给予相应鼓励，通过这种主要手段来提升其自我反思与批判能力。总之，设置全面合理的教育评价机制对中华优秀传统文化与高校思想政治理论课的融合具有重要意义。需要注意的是，设置教育评价机制是一个长期的、系统性的工程，所以要坚持实事求是的作风，结合高校实际情况，联合多方力量协调进行。

五、从校园文化建设角度分析

除了思想政治理论课的课堂学习这一主渠道之外，校园文化建设同样关键。其是社会主义先进文化的重要构成，和校园建设相伴相生，是在校园中产生的所有文化形式的总和。详细而言，校园文化建设是基于大学生独特的生理和心理特点、思想观念、价值观念等，以校园式的人际相处模式、行为主要手段和大学生独立创建的社团和协会等文化活动形式为表征的精神环境、文化氛围。在进行校园文化建设过程中，传统文化发挥了极其关键的作用，是不可或缺的组成部分，为学校人文氛围的培养给予了内容上以及精神上的支撑。学校浓厚的文化氛围具有较强的育人功能，应高度结合校园文化建设，树立良好的学校校园形象，对学生进行间接地思想引导与熏陶，不断促进优秀传统文化深入人心。

（一）丰富传统文化为主的校园活动

对于大学生而言，诸如世界观、价值观等各方面观念还处在培养过程中，而校园作为其学习和生活的场所，无疑对其灵魂的塑造起着关键作用。因此，必须把传统文化的精髓全面而深入地融入校园文化建设之中，方可最大化地显现校园的培养职能。高校思想政治教育的开展不能仅仅依靠课堂教授，还应通过课外实践进行巩固，而校园文化活动便是有效的途径之一。譬如通过组织讲座、辩论等达到思政教育的目的。一些高校在建设校园文化时，一方面重视学生优良品德的培养，另一方面也将传统文化的普及作为重要目标。譬如，学校十分注重对学生艺术修养方面的培养，并在每年组织一次及以上的高水准艺术展示活动，各类代表性的演出走进校园，并广受高校大学生和高校教师称赞。除此以外，民族舞蹈团同样是这些学校的重点邀请对象，他们积极举办多场与之相关的文艺演出，丰富了学生的见识，开阔了学生的艺术眼界，增强了学生的传统文化认识。还有一些高校为推广和普及传统文化，丰富国际交流，在每年固定组织形式多样、内容丰富的思政教育活动，学生成为活动的主要参与者，并通过活动加深了对传统文化的认识。在不知不觉中，也拉近了思政教育同传统文化的距离，加强了二者的内在关联。校园活动无论是在形式上，还是在内容上，均极具多样化，代表性的有文明礼仪类、辩论类、文娱类、公益服务类等，对于大学生而言，除了课内学习外，还会加入各种校园活动中，释放个人活力，发挥个人才能，由于活动以及内容的多样性，大学生的可选择性极广，能够根据个人兴趣喜好选择性加入，进而更为有效地激发个人兴趣。在高校教育资源中，传统文化的地位极其关键且不可替代，但必须体现在日常的校园活动中，方可增加传统文化和大学生的接触机会，进而实现对传统文化的普及和推广，并发挥其积极的价值引导作用。基于优化与传统文化主题相关的校园活动的目的，对于高校而言，应积极组织大量的、高频率的讲座、辩论等形式的活动。高校还可以组织传统经典诵读活动、诗词歌赋大赛活动、传统人文知识竞答活动、书法字画展示活动、汉字听写活动，以及当地博物馆、历史名人故居、文化遗迹参观活动，弘扬民族精神征文活动，等等。

（二）发挥高校学生社团的带头作用

在高校中，社团文化以其独特的手段，为思政教育工作的开展给予了有力支持。通过社团活动的开展，学生可对所学到的思政理论进行有效实践，这将显著提高思政理论课的实效性，而且也能帮助高校思想政治教育完美地发挥其功能，促进学生全方位进步。所以，对于社团文化而言，其思政教育功能性极为关键。把思政工作和社团活动紧密相融，通过开展社团活动，可以为思政理论知识的实践给予支持，促进学生全方位能力的提高，并有助于形成正确的"三观"，维护学生身心健康。

最近几年时间内，高校社团的规模不断拓展，组织的社团活动在形式上也更加丰富和多元化，与大学生的日常联系紧密，并因此广受欢迎，所发挥的作用也愈发关键。对于社团而言，其属于学生自发形成的组织，旨在丰富校园文化、增强自身素质，属于学生开展自我管理、自我提高的第二课堂。社团文化也是大学校园文化环境的一个重要组成部分，是课堂教育之外重要的无形教育资源。各成员以共同的兴趣为基础集中在一起，并共同组织形式丰富的、有针对性的学习活动，从而在相互交流的过程中获取更多的知识，丰富个人知识体系。所以，对于社团而言，其对于学生成长和进步意义重大，也是对大学生进行思想政治教育的重要载体。当前高校中有许多的吉他、爵士舞等社团，学生乐于接受和学习外国文化，却对中华优秀传统文化没有表现出太大的兴趣，对于传播传统文化的社团关注度不高。因此，高校需要充分发挥学生社团的带头作用，包括传统文化类的社团以及在其他社团中开展传统文化的相关活动，加强大学生的传统文化教育，让优秀传统文化深入人心。

首先，对于高校而言，需要将精力集中于对学生的引导，帮助后者建立多种形式的传统文化相关的社团，普及传统文化；并为这些学生社团指派指导老师，带领学生们诵读儒家经典、推荐学习书目、讨论各地的民俗风情，引导学生钻研学习传统文化，结合思想政治理论课的课堂学习和实践学习以及社团影响，借助传统文化化解所遇到的困难。其次，高校应依靠社团资源，发挥社团的带头作用，开展部分同传统文化关联密切的主题活动。譬如，可组织传统文艺节，将社团成员集中在一起，共同鉴赏历史影视剧，并在结束后交流心得；组织传统民间艺术展览会，展示传统艺术中的经典工艺形式，如刺绣、陶艺、织造等；组织传统文学心得交流会以及辩论会等，分享个人对于诸如《中庸》等名著的认识和感悟；组织"古建筑文化""农耕文化"等多元化的交流会；等等。最后，高校可以鼓励社团组织社员参与实践活动。高校可以提供一定的资金支持，鼓励社团负责人和指导老师组队率领成员参观红色革命根据地、历史博物馆、孔庙等，体味历史沧桑，感悟传统文化精髓，使其在活动中接受潜移默化的教育。

（三）重视高校校园的文化环境建设

校园文化是除大学生思想政治理论课课堂之外，能够开展思政教育的关键途径，其表现形式十分丰富，涵盖物质、精神以及制度文化等多个方面。对于校园文化而言，其可发挥两大作用，其一是教育导向作用，其二是潜移默化作用。开展思政教育时，高校应基于传统文化的特色以及内容，尽可能多地把传统文化体现在校园文化建设中，以促进大学生了解并传承传统文化。对于校园文化而言，其涉及两大方面：首先是硬件环境，譬如校内场馆、场地等；其次是软环境，譬如校训、学风等。倘若校内传统文化元素处处可见，学生自然会或被动或主动地去了解和认识传统文化，并在这一环境中受其影响。因此，应重视校园文化建设，并为中华优秀传统文化与大学生思想政治理论课相融合奠定良好的文化基础。

对于传统文化的精粹，高校应将其针对性地体现在校内建筑风格中，如教学楼、宿舍楼、体育馆等，加入传统文化元素或者建造为中式建筑风格的样式，使学生从中体会到传统文化的内涵。此外，塑造历史人物雕像同样是有效的途径之一，可将雕塑竖立在学生经常出入的公共场所，使学生无时无刻都身处传统文化的熏陶之中。比如，湖北文理学院，关于中国传统文化的传承教育工作得到了很多教育者的认可和高度赞扬。尤其是在校园文化环境建设方面，湖北文理学院秉持着"淡泊明志、宁静致远、躬耕苦读、鞠躬尽瘁"的隆中精神，致力要做中华优秀传统文化的忠实继承者和弘扬者。在校园环境建设方面，湖北文理学院将校园道路取名为"隆中路""大学路"和"明志路"等，将学生食堂命名为"凤雏餐厅""致远餐厅"和"三顾苑餐厅"等，还有取名为"孔明学院"的创新创业学院等，校园的各方面建设都融合了鲜明的传统文化元素。还有我们所熟知的清华大学，其借鉴《大学》中的有关名词，为道路进行命名，如"明德路""至善路"等，其出处便是"大学之道，在明明德，在亲民，在止于至善"。全国类似这样将传统文化元素融入校园文化环境建设的高校还有很多，营造了良好的文化氛围，构成中华优秀传统文化的学习环境。

高校可以制订符合学校办学特色的校风校训，逐渐将优秀传统文化融入校园精神文化建设中，将其渗透到每位大学生和高校教师的心中，营造良好的校园精神文化氛围。除此之外，高校还可以在教学楼或宿舍楼楼道墙上、板报、宣传栏、草坪、路牌、标识语中融入传统文化元素，譬如名人事迹等，在教室内悬挂历史典故等，把传统文化元素体现在师生目之所及的地方，对学生形成潜移默化的影响，进而对见到的内容更加熟悉和了解。对于传统文化而言，其与高校校园的全方位融合，能够拉近其与大学生和高校教师之间的距离，进而促进其在思政教育中的渗透。所以，从高校角度来看，必须将更多的精力放在校园美化方面，以强化学生与传统文化之间的联系。它一方面会帮助学生培养正确的价值观念，另一方面也为大学生的成才发展奠定坚实的文化基础。

六、从教学模式角度分析

当前传统文化在高校的发展形势以及培养大学生的目标都要求思想政治理论课教师必须与时俱进地推进中华优秀传统文化教育教学内容、教学方法和教学手段的改革创新。在高校思想政治理论课中，为提升学生兴趣，强化学习效果，针对目前学生关注度较高的问题进行讲解时，便可引入传统文化方面的内容进行分析，在陶冶学生情操的同时，又能够提升学生在道德品质、善恶美丑方面的判断力。思想政治理论课教师应当运用深入浅出、循循善诱的教学方法，为学生提供更为愉悦而和谐的教学氛围，同时又能强化其对传统文化的认识，对传统文化的继承和弘扬起到了相应的推进作用。

（一）丰富实践教学

对于思政理论课教学而言，其不但具有较强的理论性，同时也具有较高的实践性。大学生在学习过程中，不但需要对教材中所提及的知识进行学习，同时也需要进行实践方面的学习。对于自身在课堂中所获得的思想文化道德方面的理念，需要借助于实践的主要手段来对其进行强化，以更好地提升自身道德素养，规范自身行为。冯契的"化理论为德性""化理论为方法"，就是要求将理论与实践相结合。由此可知，在教学工作中，实践教学工作的进行同样有极为重要的作用。对于大学生而言，他们是社会发展的主力军，同时也是民族的希望。在受教育结束后，这些学生便会进入社会从事相关工作，为社会发展做出相应贡献。基于此，在进行人才培养时，不但需要进行理论方面的教学，同时也需提升学生实践能力。因此，在教学过程中便需强化对理论与实践的结合，借助于理论教学的手段来为学生传输一些传统文化方面的知识，同时还需采用实践的手段来提升学生对这些知识的认识与了解。对于大学生思想道德层面的教育与完善，必须借助于实践来实现，可将实践活动视为人才培养的第三课堂，这对于增强大学生的社会责任感、创新精神和实践能力，以及提高大学生的思想道德素质都具有重要的意义。借助于开展实践活动，可以实现对学生意识、素养、道德品质等方面的充分强化。

推进传统文化与思政教育的结合，需要借助于实践教学的手段来实现。对优秀传统文化的教育，尤其是将学生的传统文化实践活动纳入思想政治理论课，实现中华优秀传统文化与高校思想政治理论课的切实融合。大学生实践活动环节有很多，如大学生暑期社会实践、课外实践等方面，无论是哪一个实践活动，都是大学生将自己所学知识运用于个人亲身体验的过程。这既是除课堂教学外最生动、最有说服力和感召力的教学活动，也是我们思想政治理论课教学主要手段的创新。学生的实践活动可以在学校、家庭的组织下进行，如参观文化馆、科技馆、民俗馆等，又或者游览那些极具传统文化特性的景点来领略传统文化的魅力。在实践活动结束后，可要求学生对体验过程进行描述。采用这种手段，能够更好地实现"看与写"的结合，提升教学工作开展的生动性与形象化，强化学生对传统文化的认识，使得传统文化中那些较为优秀的元素能够更好地影响学生，进而内化为自己的思想品德及行为。将学生的亲身实践纳入思想政治理论课中，让学生与大家一起分享自己的实践所感，既能吸引学生的兴趣，提升教学效果，同时也是对思政教育教学主要手段的创新。

（二）结合传统节日

在我国，对于传统节日而言，其无疑具有丰富的文化内涵和道德意蕴。将传统节日融入思想政治理论课教学中，也是进行道德教育的重要途径。

教育者应将传统节庆的相关知识有意识地纳入高校思想政治理论课教学之

中，引导受教育者主动接触和了解节日民俗。在每次过节期间，对于教育者而言，均可围绕所经历节日的习俗、形成过程以及发展历史加以阐释，特别是节日中内在的与道德教化相关的知识，应进行重点讲解；也可通过播放传统节日庆祝习俗短片，将传统文化的含义生动地展现给学生，吸引学生的兴趣。譬如端午节，定于每年的农历五月初五，与其起源相关的传说很多，但受众最广、认可程度最高的，无疑是缅怀屈原而设立。所以，教育者在叙述端午节的内涵时，应基于节日缅怀对象，对屈原忧国忧民的情感展开重点说明，以确保受教育者在过节的同时，了解到节日民俗背后的故事，并从中学习和体悟到爱国主义的精髓。

（三）融入非遗文化

非物质文化遗产最为重要的特征便是同民族生活息息相关，属于民族习性的高度概括和集中体现。联合国教科文组织表示，对于非物质文化遗产而言，其对于文化的传承、创造力的拓展、多元文化的保护是极其关键的，并能够对多元的文化进行协调。甘肃省的省级非物质文化遗产就有很多，如甘肃省武威市、张掖市、酒泉市申报的《河西宝卷》、临夏州东乡县申报的《东乡族口头文学与语言》等7项民间文学遗产；如敦煌研究院申报的《敦煌艺术——音乐技艺研承》、庆阳市西峰区和环县申报的《唢呐艺术》、甘南州申报的《甘南藏族民歌》等8项民间音乐遗产；如兰州市申报的《兰州太平鼓舞》、定西市岷县申报的《巴当舞》等13项民间舞蹈；如皮影戏、秦腔、高山戏等8项传统戏剧遗产；如敦煌艺术——美术技艺研承、藏族唐卡、庆阳香包等8项民间美术遗产，还有各项传统医药、传统手工技艺、民俗等文化遗产。

对于不同的非物质文化遗产，高校思想政治理论课教师可以将遗产特点、地域特点以及表现主要手段对学生进行详细讲解，尤其是对于非物质文化遗产所蕴含的传统文化价值更要着重阐释。除教师讲解外，还可以鼓励学生多了解并实地考察自己家乡的非物质文化遗产，并在课堂上向大家介绍自己家乡非物质文化遗产的特点及文化价值，抛去传统的灌输式教学，让学生走上讲台。通过对教学主要手段和教学内容的创新，使受教育者在听取教师的讲解以及通过自己实地考察了解非物质文化遗产的过程中，激起对非物质文化遗产的学习兴趣，增强对中国传统文化的认同感和自豪感，有利于非物质文化遗产的传承。

第三节 中国优秀传统文化融入高校思政教育的实践策略

一、儒家文化与大学生思想政治教育的融合

（一）儒家思想概述

1. 儒家思想内容阐释

儒家思想包罗万象，其主要内容可概括为以下几点。一是儒家思想的主要核心是"仁"和"义"。儒家认为"仁者爱人"是最高道德标准，注重人和人之间的相互关系，探求与人为善、克己爱人的处世之道。二是儒家思想中，基本处事原则为"礼"。儒家认为"不学礼，无以立"，强调以"仁、义、忠、信"的规范协调人际关系、以德树人、以礼立世。而"修己"在儒家思想中是注重自省自律、自我约束的道德修养。三是儒家所倡导的"修己以敬""修己以安人"强调自身始终保持严肃谦恭的态度，予人安定、予百姓安定，以此作为君子的自我修养。四是儒家思想中的"孝悌"思想被认为是做人、做学问的根本。孔子就曾强调"弟子入则孝，出则悌"。五是儒家所倡导的"知行合一"思想是实践的重要启迪，强调内在认知与外在实践的结合，是立身行事的一大要领。

2. 儒家教育目标描述

儒家思想的发展归功于孔子、孟子、荀子等诸多儒学思想家，由于儒家的崇高理想和卓越的教育目标，儒家思想有了发展的原动力。纵观儒家思想家的教育目标，都有一个共性，那就是将受教育者的德行放在第一位，要求人才具备"仁义、博爱、立德、爱国"的品质。

3. 儒家思想内涵理解

儒家思想庞大的内容体系里主要包含了"道"的本体、"仁"的人文精神、"礼"的规范三个层次的内涵。"道"的本体探寻什么是人的问题，"仁"的人文

精神探寻如何做人的问题,"礼"的规范探寻如何处世的问题。从这一文化底蕴上看,儒家思想与高校思政教学思考一脉相承,儒家思想用无限的生命力为高校德育教育教学工作指引方向、铺垫道路。

4. 儒家思想特性分析

儒家思想作为历代儒者思想的荟萃,包含鲜明的民族文化与先进的教育理念,具有显著的自身特点。首先,儒家思想具有道法合一的思想体系,以对自然规律的理解以及人与自然关系的不同价值取向为出发点。将此思想体系运用于思政教学价值观培养上,在一定程度上能够与中国社会主义思想产生共鸣。其次,儒家思想具有知行合一的实践原则。儒家思想通过情操的陶冶和德行的实践,来达成人的社会价值和自我实现追求,这与德育中强调的知行合一原则完美契合。最后,儒家思想具有立足长远的思想追求。儒家思想追求学术的实际功能,注重个体普世价值和社会责任,充分体现出做人做事的脚踏实地的精神。

(二)儒家文化与思想政治教育融合的必要性

儒家文化与思想政治教育的融合,是民族精神与时代精神的融合,有利于儒家文化的传承与发展,有利于丰富思想政治教育的文化内涵。

1. 现实指向:建设社会主义文化强国

"文运同国运相牵,文脉同国脉相连。"[1] 文化是一个国家、一个民族的根基。

儒家文化与思想政治教育融合是增强文化自觉与文化自信的需要。文化自觉是对中国传统文化的价值理念和鲜明特色的认同,是引领新时代中国特色社会主义文化建设的内生动力。文化自信是对国家文化理念和文化情感的认同,是传承中华优秀传统文化的骨气和底气,是中华民族精神永葆生机活力的重要源泉。儒家文化作为中华优秀传统文化的主体与核心,与思想政治教育融合,是增强文化自觉和文化自信的需要。儒家文化与当代思想政治教育融合发展,是对传统文化的创造性转换与创新性发展,能衍生出具有时代特点和民族特征的文化生命力,能够增强文化自信和民族自信。

儒家文化与思想政治教育融合是夯实国家文化软实力的需要。恩格斯说:

---
[1] 习近平. 在中国文联十大、中国作协九大开幕式上的讲话 [M]. 北京:人民出版社, 2016.

"一个民族要想站在科学的最高峰，就一刻也不能没有理论思维。"[①] 儒家文化是中华优秀传统文化的代表，对社会的伦理观念产生深刻的影响。思想政治教育是人们观察世界、分析问题的有力武器，也是知识变革和思想进步的先导，更是推动历史发展和社会进步的重要力量。儒家文化与思想政治教育的融合是传统与现代的交锋。

儒家文化与思想政治教育融合是实现中华民族伟大复兴的需要。作为意识形态主要构成部分的文化是国家实力的象征。实现中华民族的伟大复兴，要以中国传统文化的复兴为前提和根本。绵延数千年的中国传统文化有着强大的感召力和吸引力，是推动民族发展的重要力量。儒家文化与思想政治教育的融合有助于建立文化自信，形成文化自觉，对中国特色社会主义文化发展和社会主义文化强国建设意义重大。

2. 根脉传承：儒家文化的传承与发展

儒家文化具有丰富的价值意蕴和哲学智慧，它与当代思想政治教育融合，有利于发掘和继承中国传统文化的精髓，提炼新的文化价值，形成新时代文化。

儒家文化与思想政治教育的融合能够进一步传承儒家文化的思想精髓。儒家文化作为中华优秀传统文化的主体与核心，在产生、发展、演变的过程中，始终蕴含着中华民族的文化基因和精神特质。文化价值的延续需依托某种载体，思想政治教育最适合承担这一使命。以儒家文化为内容，以思想政治教育为载体，二者融合发展能够使中华优秀传统文化立足本国，面向世界，为人们提供正确的精神指引。

儒家文化与思想政治教育的融合有利于儒家文化的创造性发展。儒家文化在形成和发展的过程中，受各种因素的影响和制约，存在迂腐、陈旧和过时的内容。新的社会背景下，儒家文化只有经历转换和创新，才能够实现传承和交融，完成以文化人的时代任务。思想政治教育作为中国共产党强基固本的基础工程，是传播儒家文化的重要手段，能够确保儒家文化在发展中继承，在继承中发展。

3. 内容涵养：丰富思想政治教育的文化内涵

儒家文化与思想政治教育融合，为思想政治教育提供了丰富的文化资源，有

---

① 马克思, 恩格斯. 马克思恩格斯选集: 第3卷 [M]. 北京: 人民出版社, 2012.

助于建构具有中国特色、中国风格、中国气派的理论体系。传统文化蕴含着民族价值观和道德标准，思想政治教育必然要从儒家文化中汲取精华。将儒家文化纳入思想政治教育理论体系，能够充分体现思想政治教育的传承性与民族性，增强人们对中国特色社会主义道路、理论、制度和文化的认知，有助于讲好中国故事，传递中国声音。

思想政治教育以儒家的经典文献为教学资源。一个文明总是借助于某种符号象征（如文本）将传统延续。儒家思想通过四书五经等经典文献阐释了中华民族的文化基因，思想政治教育从中汲取养分，会潜移默化地影响人们的价值观念。

4. 时代需求：提升大学生道德素质

近年来，我国大学生道德建设的实践取得了显著成就。大学生群体具备较高的道德素养和优秀的道德认知及道德行为表现。但是，我国高校的德育工作效果仍不容乐观。市场经济带来大发展的同时，也对价值观产生了一些冲击。开放包容的网络环境下，良莠不齐的思潮与文化产品涌向大学生的日常生活中。大学生群体的明辨是非能力没有完全建立，在面对诱惑时难以做出正确的抉择。大学生群体的局限性使得高校的德育工作面临很大挑战，有待进一步完善和加强。教师在高校德育工作中承担着重要的角色，是培养学生道德素养与道德行为的主力军。一线教师作为与学生直接接触的群体，其一言一行都会对学生产生潜移默化的影响。所以，为提升大学生的道德素养，应该提升教师对高校德育工作的重视程度。高校德育工作的推进和"立德树人"目标的实现任重而道远。

另外，儒家文化是中国传统文化的重要组成部分，而"仁爱"思想是儒家文化的核心，是民族精神的源泉。"仁爱"思想为思想道德素养的培育提供了积极的借鉴。文化对人的影响具有潜移默化和深远持久的特点。校园文化作为一种群体文化，包含精神文化、行为文化、制度文化等多方面的内容。学校的育人方式以知识教育为主，以校园文化的塑造为辅。所以，营造一种积极的富有"仁爱"底蕴的校园文化对锤炼大学生的道德意志品质、优化大学生的道德行为具有重要作用。深入挖掘儒家"仁爱"思想的德育功能，并将其进行创造性转化与创新性发展，能够丰富大学生道德素养培育理论，对高校道德素养培育工作具有重要的理论价值。将"仁爱"思想的德育功能挖掘出来，并将其融入大学生的道德素养培育过程中，帮助大学生形成君子人格、约束大学生的道德行为、丰富他们的精神境界十分必要，对提升大学生道德素养培育的效果和高校德育工作的实效性具有深远的现实意义。

（三）儒家文化与思想政治教育融合的可能性

儒家文化与思想政治教育思想上契合，价值上融合，实践态度也具有一致性，这种相容相通为两者的融合提供了可能。

1. 思想契合：儒家文化的思想精髓与社会主义核心价值观相契合

社会主义核心价值观从个人、社会、国家三个层面体现了社会主义的本质要求，这与儒家文化内在的价值机理相通。

首先，儒家的修身思想与社会主义核心价值观的个人层面相契合。修身是儒家思想的第一要义。"君子义以为上""君子义以为质""先义而后利者荣，先利而后义者辱"，说的是君子重义轻利、先义后利；"诚者，物之终始""言必信，行必果""人而无信，不知其可也"，说的是君子诚实守信；"天行健，君子以自强不息""士不可以不弘毅、任重而道远"，说的是君子刚毅坚卓；"己所不欲，勿施于人""出入相友，守望相助""仁者爱人，忠恕之道"，说的是君子待人友善；"剑外忽传收蓟北，初闻涕泪满衣裳""出师未捷身先死，长使英雄泪满襟"，说的是君子具有家国情怀。儒家的这种修己成人思想与社会主义核心价值观"爱国、敬业、诚信、友善"的价值导向一致。

其次，儒家的齐家思想与社会主义核心价值观的社会层面相契合。在儒家文化中，社会层面的价值表现主要包括四个层次：责任总是优先于自由，义务总是优先于权利，群体总是高于个人，和谐总是高于冲突。这四个层次的价值选择正是社会主义核心价值观在社会层面的体现。自由是人类崇尚的理想目标，是培养健全人格的重要因素；平等是正义的表现，是社会关系中人们普遍追求的价值原则；公正是反对任何特权，维护普遍的权利平等；法治则是进行公民道德建设的价值遵循，是构建社会主义和谐社会的根本保障。"自由、平等、公正、法治"作为社会的价值取向，发挥着凝心聚力、价值引领的导向功能。

最后，儒家的治国平天下思想与社会主义核心价值观的国家层面相契合。

"富强、民主、文明、和谐"是国家层面的价值目标，表达了国家意志，是全体人民的共同理想。儒家的修身齐家思想最终也是为了治国和平天下，具体表现为：天下大公、大同世界的理想追求，仁礼统一、有序和谐的伦理模式，以民为本、安民惠民的民本思想，国家至上、家族本位的整体意识，为政以德、政者正也的治国原则，以及民胞物与、天人合一的人文情怀。这些思想中蕴含着"富强、民主、文明、和谐"的价值观念。

2. 价值融合：为主流意识形态进行价值辩护的理论武器

马克思恩格斯在《共产党宣言》中指出："任何一个时代的统治思想始终都不过是统治阶级的思想。"[①] 从本质上讲，儒家文化是宗法等级制度价值体系的支撑。无论是先秦儒家的礼乐制度，还是两汉时期的"罢黜百家，独尊儒术"，抑或宋明理学的"天理""天道"，都在维护统治阶级意识形态。两汉时期，儒家思想文化逐渐在社会意识形态中占据主导地位，表达官方意志，为封建制度进行价值辩护。

儒家文化与思想政治教育在政治上承担着相同的职能。借由儒家文化价值进行思想政治教育，是运用中华文化资源来重建和巩固政治的合法性。意识形态工作是党的一项极端重要的工作。当今世界，社会思潮纷纭激荡，主流与非主流并存，人们的思想观念和价值取向多元发展，社会环境纷繁复杂。思想政治教育作为中国共产党的教育武器，必须恪守党性原则，为社会主义意识形态进行价值辩护，为维护社会主义制度提供思想保障，为公民提供符合社会价值期待的行为指引，为党和国家培育人才。

3. 实践态度：经世致用的社会责任感

儒家文化主张通过完善人格修养获得幸福和自由，在形成之初便以经世致用为目的，满足社会秩序、道德伦理及精神文化需求，现在已经固化于人们的思维方式、道德品质和行为习惯中。

思想政治教育是中国特色社会主义文化的重要组成部分，它聚焦实际问题，与儒家文化一样，具有实践理性特征。第一，思想政治教育以立德树人为根本目标，为党和国家培育能够担当民族复兴大任的时代新人。第二，思想政治教育依

---

① 马克思，恩格斯. 马克思恩格斯文集：第 2 卷 [M]. 北京：人民出版社，2009.

托现实社会生活回答实际问题，回应时代关切。第三，思想政治教育以指导服务实践为主要任务，坚持理论联系实际解决社会难题。当前的思想政治教育仍需借助儒家文化中的哲学智慧和实践经验回答时代问题。

（四）儒家文化与思想政治教育的融合策略

1. 课程引领：与高校思想政治教育课堂相契合

作为思想政治教育者，一要具备一定的知识储备和教育技能，能够根据受教育者对知识的理解能力和接受程度，制订相应的教育计划；二要具备较高的思想道德觉悟，能够符合一定的社会要求。

第一，儒家文化融入思想政治教育需要教育者提高自身理论储备，挖掘优秀儒家文化与当下教育相符合的内容并将其融入课堂中。以社会主义核心价值观为根本，提炼优秀儒家文化中的教育资源，使儒家文化与教育内容相互补充，不断完善和升华思想。充分传递儒家文化的精神内核，传承儒家文化的思想道德理论，潜移默化地影响受教育者。教师在丰富自身儒家文化知识的同时，加强学科间的相互贯通，以满足不同学生的需求。

第二，儒家文化融入思想政治教育的过程中要注重逻辑性。儒家文化博大精深，蕴含的内容具有多样性，要求思想政治教育者在传达过程中注重内在结构和逻辑，兼顾宏观和微观两方面，既要把握住宏观大局，即儒家文化道德核心精神，也要对文化体系加以分层。同时，在教育方法上也要注重逻辑性。现代思想政治教育本身是具有抽象性、概念性的意识形态教育，借儒学文化的力量丰富其教育内容，不仅能彰显原有内容的民族特色，同时也能赋予其时代特征。将抽象的理论转化成通俗易懂的内容，将儒家文化进行现代表述。

第三，创新授课模式。由于受教育者所处的成长背景、性格、学习能力不同，理解儒家文化的程度自然也不同。思想政治工作要想取得成效，要结合环境、教育客体的不同，因地制宜地采取不同教学方式。观看影像资料，选取与儒家文化相关的录像、纪录片等，在老师讲授课程的基础上，生动直观地理解课程内容。开展专题讨论，不仅需要课下进行大量的资料搜集和整理，对课堂内容进一步巩固和补充，更是学生自主学习能力的一种提升。阅读儒家文化相关书籍，思想政治教育者在授课过程中可提供经典书籍清单,供学生自主选择,并及时开展阅读心得反馈。

2. 价值提炼:挖掘儒家文化的思想政治教育价值

儒家文化蕴含着丰富的道德思想和人文精神,对思想政治教育具有重要的启迪价值和借鉴意义。应充分挖掘儒家文化中所蕴含的思想政治教育价值,实现二者的融合发展。许多学者对儒家文化核心价值进行了研究,如朱贻庭教授认为儒家核心精神可以概括为"贵和、重义、民本"[1];姜义华教授从儒家文化中提炼出"民为邦本,本固邦宁"的政治伦理,"以义制利,以道制欲"的经济伦理,"中为大本,和为达道"的社会伦理,"德施普也,天下文明"的世界伦理[2];陈来教授认为儒家文化的人文精神是"崇德尚义,群体优先,进取有为,文化自觉"[3]。这些思想精髓蕴含着丰富的思想政治教育价值,应加以继承和发扬,赋予其新的思想政治教育价值,鼓励人们向善向上,进而调整社会关系。

3. 学科彰显:儒家文化融入高校思想政治教育学科建设

习近平总书记指出,"思政课要做思想政治教育的显性课程"。[4]将儒家文化中隐性的思想政治教育价值融入学科建设和发展,更好地挖掘和展现思想政治教育价值。第一,坚持开发思想政治教育课程,充分挖掘儒家文化中的思想政治教育资源,将其纳入各类课程体系,实现全员、全过程、全方位育人。第二,开设儒家文化必修课和选修课,引导学生多读儒家文化经典,感受儒家文化魅力。第三,选拔优秀的人文社会科学教师传授儒家文化,提升学生的人文素养。

4. 方式创新:发挥新媒体的广泛影响力

第一,打造"互联网+思政"模式,构建智慧思政学习平台。将网络技术与教育教学深度融合,打通线上与线下双教学通道,实现课内与课外双教学空间,以慕课等新教学平台开设儒家文化与思想政治教育课程,延伸思想政治教育课堂。

第二,融通多种媒体资源,传播儒家文化和思政教育结合成果。鼓励学生创作微文字、微视频、微漫画等优质作品,使儒家文化焕发时代活力。

---

[1] 朱贻庭. 中国传统道德哲学6辨[M]. 上海:文汇出版社,2017.
[2] 姜义华. 中华文明多样性十论[J]. 人民论坛·学术前沿,2013(1):6-16.
[3] 陈来. 儒家文化与民族复兴[M]. 北京:中华书局,2020.
[4] 习近平. 思政课是落实立德树人根本任务的关键课程[M]. 北京:人民出版社,2020.

第三，综合运用网络技术创新思想政治教育课堂模式。在数字时代大背景下，思政教育工作者应依托人工智能构建思政智慧课堂，立体化呈现儒家文化。

5. 回归生活：推进儒家文化融入大学生日常生活

儒家文化与思想政治教育都源于生活并指导生活，最终回归生活。对青年学子进行思想政治教育，要让儒家文化以贴近实际的方式融入他们的日常生活，辅助其成长。第一，将儒家文化要素纳入校园文化建设，营造浓厚的传统文化氛围，让学生潜移默化地接受熏陶，增强对祖国文化的认知。第二，在思想政治教育实践中穿插儒家文化学习，让学生在各类中国特色社会主义文化实践活动中感受儒家文化的魅力，体会思想政治教育的精神内涵。

6. 知行合一：以丰富多样的实践形式为载体

实践活动是课堂教育的延伸，社会实践是培养优秀人才的重要方式之一。随着社会形势的变化发展，高校应时刻保持对社会实践的关注度，提高学生的参与程度。实践活动与传统课堂明显的区别在于：能够身临其境，切身体会到儒家文化的精髓，将感性认识与理性思维相结合，激发出学习的热情。发掘形式多样的实践方式，使儒家文化与时俱进，激发学生的实践热情，主动投身社会实践，在实践中加深对儒家文化的认知，赋予儒家文化现代意义，激发新的活力。首先，以传统节日为依托。高校应积极利用这些节日，开展儒家文化教育活动。挖掘传统节日中所蕴含的儒家文化元素，通过宣传栏、报纸、广播、电视等形式让学生了解传统节日中蕴含的儒家文化。其次，借助当地儒家文化资源。参观博物馆、展览馆、古迹，感受儒家文化的博大精深，增强对儒家文化的认同感；让学生走进社区、基层，参加民俗活动，感受儒家文化的传统魅力，增加对儒家文化的了解；开展契合儒家文化的诗朗诵活动、书法国画展、手工剪纸等，体验传统手工制作。最后，开展社会实践活动。高校可组织学生深入当地基层、乡村开展专题调研，汇总调研成果，发挥实践活动的教育意义。当然，实践活动要具有可行性，这需要思想政治教育工作者要科学规划，考虑周全，认真落实，只有这样才能将儒家文化融入社会实践，达到知行合一的效果。

7. 文化熏陶：加大宣传力度弘扬儒家文化

高校是思想政治教育的主要阵地，良好的校园氛围是儒家文化融入思想政治教育的重要因素之一，在为学生提供良好学习环境的同时，使学生接受儒家文化的熏陶。因此，校园环境要从整体上统筹规划。第一，营造充满儒家文化元素的硬件环境。在教室、借阅室、自习室等场所张贴具有儒家内涵的诗句，供学生在闲暇之余查阅含义或典故出处。将儒家文化融入学校生活场景，使学生感受到儒家文化的熏陶。第二，树立良好的学风。儒家文化强调"修身，齐家，治国，平天下"，与学校传道授业、教书育人的宗旨是一致的。学生的学习态度影响着学风建设，因此学校应鼓励每一个学生发扬勤奋好学的精神。第三，伴随着互联网的普及，网络在思想政治教育中发挥了突出的作用。高校充分利用网络资源，将网络教学融入思想政治教育理论课，使之成为宣传和创新儒家文化的动力。网络时代的飞速发展，克服了时间和地域的限制，使信息资源及时共享。传统的思想政治教育采取集中的教学方式，课堂上容纳的学生数量和课时安排都受到限制，网络技术的发展解决了这一问题。及时解答学生的疑惑，展开对儒家文化的讨论，听取学生对儒家文化的见解，极大调动了学生参与的积极性。

二、优秀家风与大学生思想政治教育的融合

大学生是国家的栋梁，是社会发展的希望，关注青年的成长成才是中华民族一以贯之的理念，关注大学生的思想政治素质、重视大学生思想政治教育是党和政府一贯的主张。家风已经成为我们日用而不觉的内容，以中华优秀家风涵养大学生思想政治素质，使中华优秀家风真正发挥它的育人作用。

家是指家庭，家庭是男女两性之间的爱情以及父母与子女之间的血缘亲情结成的共同体。在中华民族的深层思想意识之中，家庭是生命历程的重要依托，没有家庭，就没有个体的生存与发展。要想处理好人与人之间的关系，那么，首先就要处理好家庭内部成员之间的关系。家在中华文化中具有十分重要的意义。

（一）中华优秀家风的涵义

家风，也就是一个家庭（古代一般是大家族）的家庭风气（家族风气），也称门风。从家风的形成过程来看，家风往往是家庭（抑或是家族）在长期的生产生活实践中日积月累形成的，或者是某一位家庭（家族）长辈因某一个重大事件

而生发的重要感悟，而后被家庭成员认可并共同遵守的理念或者规范。

从家风的内容而言，家风往往是精神要素与物质要素的集合，家风的精神要素主要包括一个家庭（家族）的思想作风、价值取向、处世观念和行为规范等等，而家风的物质要素主要体现为家风精神要素的重要载体，家风往往是通过家庭（家族）的家谱家法文本、家训家规匾额、庭院建筑等等体现出来的。家风的主导要素是精神要素，是家庭（家族）成员在生活实践中的行为规范和精神导航，是一个家族区别于其他家族的重要标志。

家风还可称之为家庭文化，是一个家庭特有的文化品性。作为文化现象，家风是可以代代传承的，一代又一代不间断地传递、延续，逐步形成相对稳定的传统、习惯、作风，家风有的是用文字记载下来的，如家训、家规、家范等，也有的是通过口授代代相传下来的。在这个过程中，随着社会的变迁会有所改变，但基本的核心内容是不会改变的。

家风是一个家庭（家族）的道德风貌，它本身是一个中性概念，如果按照性质来划分家风，家风可以分为优秀家风与低劣家风，岁月更迭中万千家庭所形成的家风中必然有不合时宜的部分，需要与时俱进。

中华优秀家风是指家风体系中那些弘扬正能量的精神导向和正确的行为规范的总称。中华优秀家风是一种伦理道德习惯，需要全家人共同创建，也应该由全家人共同遵守，还往往是几代人共同坚守的一种约定，唯有如此才能形成具有正能量的、比较稳定的家庭风尚、风气。中华优秀家风具有规范个体行为、净化社会风气和传承家庭文化的功能。一个家庭能不能和睦兴旺，关键在于有没有养成优秀的家风。

（二）中华优秀家风的内容

中华优秀家风是正向的行为准则和可贵的精神导航，包含丰富的内容，从中华优秀家风凝结的时间历程和发挥的功能作用来看，中华优秀家风内在地包含两大内容：中华优秀传统家风和中华红色家风。

1. 中华优秀传统家风

在中国传统文化中蕴藏着丰富的家风文化资源，有许多家谱、家训、家书的优秀成果流传至今,如《颜氏家训》《袁氏世范》《家范》《朱子家训》《曾国藩家书》等,这些典籍真实记载了各个历史时期、各个家族的家风内容以及传承情况。

中华优秀传统家风往往是家庭(家族)生活理念历经几代人积淀而成,有时是一个家庭(家族)中有威望的人定下的规矩,一般有家训、家规、家声、家法等多种表现形式。即使同是中华优秀家风,在不同的家庭中,其家风主旨也会各异,如有些家庭之家风中注重仁爱、有些家庭之家风注重友善、有些家庭之家风注重诚信、有些家庭之家风注重孝悌,虽不尽相同,但终归是要引人向上,教人向善,学会为人处世。

中华优秀家风是中华文化中不可或缺的组成部分,在中华民族的发展历史中,形成了璀璨于世而又独具一格的中华文化。中华优秀家风的文化元素渗透于社会生活的方方面面,在教育后代方面起着重要的、不可替代的作用。

2. 中华红色家风

中华民族是不屈不挠、奋发有为的民族,在艰苦卓绝的战争年代,崇尚精神的民族传统体现得淋漓尽致,其中也不乏许多优秀的家风家训文化。如《抗战家书》、林觉民的《与妻书》、赵一曼留给儿子宁儿的遗书,等等,战火纷飞的年代,保家卫国的赤子情、鸿鹄志流淌于家书的字里行间。

回首新民主主义革命时期,中华民族在中国共产党的领导下,同帝国主义侵略者展开了长达数十年的挽救民族危亡之斗争。面临民族的生死危亡,无数志士仁人、无数革命家庭将救亡图存、保家卫国的内容写入家风家规家训,为救中华民族脱离苦难提供强大精神力量,为抗战将士提供优秀榜样,为中华家风文化增添了独特的内涵,许多老一辈革命家的红色家风对我们有很深刻的启迪。

红色家风主要包括信仰坚定、以民族大义为先、舍生取义、忧国忧民、迎难而上等重要内容,是革命时期中国共产党创造的革命精神,同时也是中华儿女在改革和建设时期展现的奋斗精神,更是全国人民在党的领导之下创造中国奇迹、战胜自然灾害,为实现中华民族伟大复兴而形成的团结精神、创造精神和梦想精神。作为社会主义先进文化的重要组成部分,优秀红色家风既汲取了中华优秀传统家风的思想精髓,也诠释着中国共产党人的革命情怀,是中华民族血脉中奔腾不息的红色基因。习近平总书记指出:"在培育良好家风方面,老一辈革命家为我们作出了榜样。"[①]我们要追寻先人打造的中华优秀传统家风文化,我们也要努力继承和弘扬革命前辈的中华优秀红色家风,深入挖掘古代圣贤与中国共产党人修齐治平的道德风貌与革命信仰,深刻理解中华优秀家风的博大内涵,做好新时代中华优秀家风建设。

(三)优秀家风融入高校思政教育的动因

家风文化融入思想政治教育,不管是对家风文化未来的创新发展,还是对高校思想政治教育的实效性提升,以及增强大学生的文化自信等方面,均具有重要意义。

1. 继承与弘扬优秀传统文化的需要

优秀传统家风文化创造性转化和创新性发展是一项系统工程,优秀传统家风文化只有紧跟新时代,在不断创新中传承,才能焕发勃勃生机和持久生命力。随着时代的发展,尽管与家庭模式和社会形态密切相关的传统家训已经发生了根本性改变,但是优秀传统家训文化所蕴藏的道德精华和文化内涵,依然是大学生自我提升的重要养分来源。习近平总书记指出:"中国传统文化中很多思想理念和道德规范,不论过去还是现在,都有其永不褪色的价值。"[②]在高校思想政治教育中纳入传统家风文化,就是"以古人之规矩,开自己之生面",不仅是对家风文化的创新发展,更是高校思政教育的重要素材来源。高校思想政治教育是弘扬传统文化的一个重要途径,要把社会主义核心价值观作为指导,根据当代的伦理道德,在区分古今家训思想的基础上,重新定义和解读传统家训中家国情怀和道德伦理等深刻内涵。使用现代先进技术来创新家风文化的表达方式,以满足时代的需求,同时激发传统家风文化的活力,以保证家风文化在未来时代发展的可持续性。

2. 高校思想政治教育提升的需要

要让大学生认可和真正接受传统家训,就必须将传统家风文化融入日常生

---

① 李智勇. 做培育良好家风的表率[N]. 人民日报, 2016-07-25(1).
② 习近平. 在文艺工作座谈会上的讲话[N]. 人民日报, 2014-10-15(2).

活。家是中国社会的基本细胞，是中国的精神家园和精神支持，是最好的心灵港湾。中国传统家风文化可以为后世子孙立业立家及持续发展提供有益的教诲与指导，它是中国的独特传统民族文化的重要表现与基础，这些思想精华不仅适用于传统社会，而且还适用于新时期大学生的思想政治教育。究其原因，一是传统的家风文化与大学生的思想政治教育是相互连通的。爱国主义和道德修养的内容就源于传统家风文化，甚至部分内容还是从家风文化中提炼出来的。它对世界的理解与认知的指导可以为现代高校思想教育提供强大的精神力量和丰富的文化养料。二是传统的家风文化来自家庭，内容脱胎于生活和现实，便于理解记忆。因此，对传统家训的介入方式更新优化，在高校思想政治教育中有机渗入优秀的传统家训理念，不仅大学生容易接受，提高了大学生的道德修养，提升了思想政治教育的有效性和亲和力，而且优良的传统文化也能得到继承和弘扬。

3. 文化自信的需要

习近平总书记明确提出，中华优秀传统文化是中国文化的"根"和"魂"[①]。培育和弘扬优良的家庭风气，教育具有人文和文化背景的人，增强大学生的文化自信是一项重要的社会功能。作为中国传统文化宝贵财富之一，家训有着无比强大的生命力和创新活力。传统家训中的爱国主义、修身、诚信等精神内核随着时代的发展而发展，是推动中华民族不断转型和升华的重要力量。传承优秀传统家训，能够增强大学生的文化自信。

4. 涵养社会主义核心价值观的需要

习近平总书记对塑造青年的价值理念给予了高度关注，明确提出"社会的整体价值走向高度依赖于青年的价值走向"，多次指出"注重在青年阶段养成良好的价值观，具备着不可忽视的价值"[②]。习近平总书记要求充分彰显中国传统文化的育人功效，使其承载培养社会主义核心价值观的时代任务，"从中华优秀传统文化中汲取有效的思想观念，领略其中所蕴含的仁爱精神、民本理念、诚信要义、正义和睦、大同理念，促进社会主义核心价值观从中华优秀传统文化中汲取

---

① 习近平. 在庆祝澳门回归祖国15周年大会暨澳门特别行政区第四届政府就职典礼上的讲话[N]. 人民日报，2014-12-21（02）.

② 习近平. 习近平谈治国理政[M]. 北京：外文出版社，2014.

发展智慧"①。

任何时代的家风文化都与它所处时代的主流价值取向和理想相融合，社会主义核心价值观也不例外——它源于具有深厚土壤的优秀传统文化。一方面，优秀传统家训提出了仁爱孝悌的家庭伦理观念，并提出了社会普适道德原则；另一方面，脱胎于儒家思想的传统家训，通过格言、书信、警句等方式，将儒家思想具体到个人行为和观念中。如颜之推《颜氏家训》、王阳明家训、陆游家训、郑义门家训等，其核心内容大都倡导"爱国、修身、廉洁、宽厚、勤俭、耕读传家"等，这些与核心价值观的内涵基本契合，是大学生价值观教育的重要生动教材。

（四）优良家风融入大学生思想政治教育存在的问题

1. 学生关于优良家风认知不清晰

由于全球化的不断推进，多元化价值观念充斥着当代青年学生的头脑，传统与现代、多元价值与本民族文化相互激荡，这就造成植根于优秀传统文化的家风内涵很难被学生熟知。很多青年学生对于家风文化不甚了解，有部分家长更疏于对子女的教育，片面地认为教育子女是学校的任务。而学校更看重的往往是如何提升学生的知识水平和成绩，认为弘扬优良家风的重任应由家庭承担。综上，多方面因素造成大学生对优良家风未能有全面系统的认知。

2. 家庭关于传承优良家风意识薄弱

一方面，部分家庭存在家庭教育缺失的现象。对学生进行思想政治教育不能单靠学校的努力。家庭作为子女成长并且接受教育的第一场所，家长不仅要在子女进入大学前做好应尽的教育义务，而且应该全程关注子女的思想状况。家庭应该发挥家风教育的主阵地作用，自觉承担起教诫后代的使命。

另一方面，家风的代际传承趋向中断。历史上人们通常以大家族群居模式生活，家族长辈往往通过自身的言传身教感化后代，使他们更好地践行与弘扬优良家风。而随着改革开放的不断推进，以前的大规模家族逐渐演变成由两代人构成的三口之家，祖孙交流的机会寥寥，家族观念逐渐淡漠，优良家风的教育意义逐渐被忽视。长此以往，优良家风的部分内容可能就会出现传承中断的现象。

---

① 习近平. 在中共中央政治局第十三次集体学习时的讲话[N]. 人民日报，2014-02-26（1）.

3.高校融入力度欠佳

首先,学校思想政治教育相关课程里缺少优良家风内容。各高校对学生进行思想政治教育往往采取理论讲授的方法,而思政课堂对家风文化的提及却少之又少,且不够系统。课余时间学校开设关于思想政治教育方面的实践活动也缺少践行优良家风的内容。

其次,相关课程师资力量稍显薄弱。目前阶段,高校在优良家风教育方面的师资有待充实。一方面,各学校几乎没有专门讲授家风课程的固定教师,普及家风文化单凭学生的兴趣与自觉是远远不够的,还需要有在家风方面有所造诣的教师进行引领。然而,目前很少有高校开设优良家风课程,高校应着重充实师资队伍,为优良家风的课程配备知识渊博、对家风研究较为深入的教师团队。另一方面,现有的思政课教师对于优良家风的认知也不够翔实与全面。思政课教师虽然在理论水平上有较高造诣,但对于家风文化往往没有深入研究,这就会造成教学效果不尽如人意。

(五)优秀家风与大学生思想政治教育的融合策略

1.开设中华优秀传统文化课程,丰富课堂内容

高校是开展大学生思想政治教育的主体阵地,高校开展大学生思想政治教育的主要方式是依托思想政治理论课程进行教学。在大学生思想政治教育中有机融入中华优秀家风文化,需要发挥思想政治理论课程的综合价值。

高校需要坚持"三全育人",加强对大学生进行中华优秀传统文化的熏陶,使大学生获得尊重传统文化、分辨传统文化、弘扬传统文化的能力。在高校开设传统文化知识的线上、线下理论课程,建立系统的课程体系,创新推出优良家风家教特色课程,让大学生系统接受知识,建立完整的知识体系,充分理解和体会中华优良家风家教的魅力。在思想政治教育课堂中,将中华传统家风家教元素加入其中,在原有课程设置基础上,丰富教学内容。如在课堂上加强与学生的互动,在传授历史上优秀家风家教的同时,鼓励学生分享家庭的趣事。

打造出高质量的中华优秀家风课程,高校必须在课程体系中有机融入优秀家风文化,从中华优秀家风中汲取正确的思想理论和科学精神,综合把握社会的实

际发展状况以及大学生的思想建设需求,帮助大学生主动形成学习优秀家风的思想动机,让优秀家风文化成为大学生的思想依据及行动指南,进而实现中华优秀家风与大学生思想政治教育的统一发展。

思想政治理论课所设置的课程教学内容必须保持连贯性,不同的教学内容应发挥出不同的价值,大学生在校学习课程需要关注学习阶段以及学年的差异性,年级、专业、阶段等要素要求课程教学内容及重难点知识有所不同,不可出现"一刀切"现象,避免大学生产生厌烦疲惫心理。

设计课程内容必须与时代发展的真实需求相符,满足学生的个性发展诉求,注重打造出具有针对性与实效性的课程,加强不同课程间的关联,建设综合课程体系。

教学模式与教学手段应保证更新与优化。对课程教学手段进行创新,同时注重调整教学模式。提升教材编写团队的综合素质,设计出具备时代特色和教学价值的优秀教材,注重保持同类教材间的连贯性。

学校是学生进行各类实践活动的主要场所,学校的教育方式是否得当直接影响到优良家风是否能真正做到与思想政治教育相结合。大学生思想政治理论课是高校优良家风建设的最主要载体,因此,高校在思政课堂中适时融入优良家风元素,鼓励学生探究自己的家风,并将自己家风中的优秀成果分享给大家。这样的课堂氛围更有利于激发学生的学习热情,增强学生对于优良家风的自豪感,进而让枯燥的理论知识有了"温度",提升了思政课的生动性和实效性。

学生在上好理论课的同时,也要重视相关实践活动的开展。习近平总书记指出:"要用好课堂教学这个主渠道,各类课程都要与思想政治理论课同向同行,形成协同效应。"[1] 学校可以利用一些传统节日,引导学生开展实践活动,可以通过参观名人故居,更贴近优良家风的内容;可以通过看经典视频,更好地梳理优良家风的重要价值。高校是培养人才的主阵地,必须确保优良家风融入思政课堂,切实提高优良家风的影响力。

---

[1] 习近平. 把思想政治工作贯穿教育教学全过程 开创我国高等教育事业发展新局面[N]. 人民日报,2016-12-09(01).

2. 推动高校传统文化内涵建设发展，营造良好氛围

将优秀家风家教引入第二课堂，高校可举办各类校园文化活动，打造家风家教主题品牌活动，通过学校、年级、班级、宿舍等各个层面营造浓厚的传统文化氛围，在实践活动中开展思想政治教育。如高校辅导员下宿舍开展宿舍座谈会时，可谈论家风家教的话题，班主任可召开家风家教主题班会，融入家风家教。同时可针对地区特色与民族文化，根据学校地理位置、学生特点，结合当地环境，开发本地资源，提炼活动内容，扩大学生对传统文化的接触面；充分利用中国传统节日的时间节点，对优良家风家教进行贴近生活的宣传。另外，牢固把握网络思政育人地位，主动占领网络思想政治教育新阵地，运用新媒体等网络平台传播正能量，发挥优良家风家教的思政功能。

除此之外，还要优化学校文化环境。校园文化作为一种无形力量，可以利用各种碎片化时间对学生进行思想政治教育。因此，各高校可以通过校园广播向学生讲述名人家风小故事；在学校各类公众号上开设家风新板块，促进家风的宣传；同时还可以开设一些线下讲座、知识竞赛等接地气的活动，吸引学生融入其中，实现师生在优良家风方面的无阻碍交流。因此，优化校园文化环境，不仅可以推进思想政治工作的方法创新，也能进一步推进优良家风的发展。

3. 科学与家长沟通，转变家庭教育方式

家庭是家风家教产生的根源，和谐的家庭氛围有助于营造大学生的生长环境。家长是孩子的一面镜子，家长的言行举止无形中会影响孩子。目前高校学生与家长的关系不容乐观，许多孩子上学后，与家长联系较少，再加上青春期，心智发展不稳定，情绪容易波动，由于长期缺乏沟通交流产生隔阂，父母一方也会产生焦虑的情绪，教育方式欠佳。部分家长不理解大学的教育理念和培养目标。高校应积极通过家校联系，将大学的教育理念、教育思路等传达给家长，让家长们提高教育意识，借鉴中国传统文化，引导学生树立正确的价值观、人生观、世界观。

（1）转变家庭教育方式，优化家庭教育氛围

父母作为子女的第一任教师，应转换自己的教育思维，树立科学的家风教育观念。父母应自觉担负起自身特殊的使命，履行应尽的教育职责。首先，父母要

具备足够的耐心、细心，对子女进行优良家风的教育。这种教育成效是要在日积月累中逐渐展现的，而不是一朝一夕就能看得见教育成果的。所以，尽管当今社会节奏变快，各种压力增大，家长也绝不能疏于对子女的教育。要定期与子女交流，知晓子女的想法，在平等地沟通中相互扶持，共同进步。其次，父母在家庭教育中应注重提升子女的道德修养。家长对于子女的期盼不应仅局限于优异的成绩，更重要的是教育子女养成独立思考、明辨是非的能力。父母对于子女要不吝啬表达，在日常交流中，应多讲述老一辈人的家风文化，将优秀家风通过生动形象的故事讲述出来，让子女在潜移默化中接受教育，进而树立良好的道德准则。

（2）树立家庭模范榜样，营造家庭温馨环境

一方面，父母要严于律己，给子女做好榜样示范作用。父母作为子女最为亲近、信任的人，他们的一言一行都会影响孩子的意识和行为。通情达理、德才兼备的父母往往能教育出有礼貌、有爱心、守纪律的下一代。比如，岳母刺字是为了告诉岳飞要热爱国家、精忠报国；北宋范仲淹告诫子女要廉俭生活；梁启超家中注重的是立志与如何做人。总之，父母是孩子最初的模仿对象，他们的身体力行是对子女最生动的教育。

另一方面，要营造温馨和谐的家庭氛围。家庭环境对子女性格有直接的影响，这就是原生家庭教给孩子的第一堂课。首先，家庭成员要树立平等意识，对孩子的想法予以足够尊重。在遇到问题时，要给孩子独立思考的机会，作为监护人可以给他们提出建议，但一定要尊重子女最终做出的决定。其次，父母要有尊老爱幼的良好习惯，营造温馨和谐的家庭氛围。家风的存在就是爱存在的土壤，越是优良的家风，就越懂得爱的重要性。身为父母要重视子女精神层面的教育，力求在力所能及的范围内培养子女最好的品行修养，发挥优良家风的育人价值。

4. 提升大学生学习优良家风的内在动力

（1）加深大学生对优良家风的认知

优良家风蕴含重要价值，能够给人深远持久的影响。大学生应利用各种途径去了解优良家风，挖掘先贤的家风文化，学习革命先辈们的红色家风，这样不仅可以加强学生对优良家风的认知，同时也能唤醒青年学生对家风的传承与弘扬意识。大学生只有将优良家风的内涵深刻领会，夯实自己的理论功底，才能在遇到

问题时，头脑清醒地做出正确判断，遵循正确价值准则，为创造更有意义的生活提供动力支持。

（2）树立家庭、社会密不可分的观念

家庭是社会的基本细胞，小家的风气与社会大风尚紧密相连。优良家风文化可以潜移默化地感染每一个家庭成员，使其自我价值得到升华。但是当今时代，部分人由于受到不良因素的干扰，只看重优良家风对于自己家庭的价值，而忽略对于整个社会的重要意义。青年学生应筑牢家庭、社会共同体意识，将家庭和睦、社会稳定作为自己的价值准则。

5. 营造良好的社会育人大环境

（1）政府加强制度保障资金支撑

更好地将优良家风融入高校思想政治理论教育离不开制度的保障和资金的支持。首先，政府应完善传承家风的保障制度。中华民族向来重视家风、遵守家教，流传至今的家风佳话也不胜枚举。如今这些宝贵资源并未得到足够的重视，家风虽作为一种无形资源，却往往通过物化呈现在大众视野。为保证家风融入程度，政府应加强制度保障，如针对祠堂、古碑等具有家风印记的历史文物可以选择申请遗产保护，在不损害文物的基础上，适当地发展旅游业，让世人对于历史上的优良家风更为了解；同时政府可以对破坏家风遗址的行为进行惩处。其次，政府也要增加资金投入，支持高校人才对家风方面的理论研究、教学投入。这样，我们的社会文化设施、校园文化建设才会更有保障。

（2）拓宽优良家风的宣传路径

首先，要大力运用各种媒体进行宣传。主流媒体作为社会的风向标，一定要掌好社会主流价值观的舵。由于大众传媒具有传播范围广、宣传力度大的优势，所以要充分利用其优势对大学生进行价值观的正向引导。在青年群体常用的微博、公众号等各种平台多宣传优良家风的育人价值，推送名人家风的典型事迹，为大学生的思想政治教育工作提供有利契机。其次，在社区街道也要进行优良家风的宣传工作。将优秀家风典型在社区广泛宣传，同时还应开展"最美家庭"等系列优良家风评选活动，并就此契机大力宣传，形成人人讲家风的社会风尚，滋养优秀家风资源，对培养社会好风气具有重要意义。

优良家风对于大学生全面发展起重要作用，无论何时何地，每个人身上都会带着各自家风的独特烙印。然而优良家风的传承与发展是一个持久性的工程，离不开学生个人、家庭、学校以及全社会的多方配合。在当今时代背景下，优良家风如何能更好地融入大学生思想政治教育是一个值得深思的问题，应意识到优良家风作为一种宝贵的教育资源，是思想政治教育工作中不可或缺的一部分。我们要更好地发展优良家风，使之成为思想政治工作的重要着力点，推进中华民族伟大复兴的进程。

6. 利用新媒体手段增强教育实效

习近平总书记强调，"要运用新媒体新技术使工作活起来，推动思想政治工作传统优势同信息技术高度融合，增强时代感和吸引力"。[1]大学生作为网络使用的主流人群，要遵循"学生在哪里，思想政治工作就在哪里"的思路，利用网络途径（微信、微博等）的海量关注量和强大的传播能力，以制作接地气的图文和视频作品的方式，缩短大学生与优秀传统家训的心理距离，提高优秀家训文化的影响力。中央纪委监察部网站自2015年推出了一档名为《中国传统中的家规》的栏目，通过"互联网+"的形式，制作发布了100余个名人家训故事，大大扩大了中国传统家风家训文化的影响力和覆盖面。

7. 健全中华优秀家风融入大学生思想政治教育的组织机制

（1）完善中华优秀家风融入大学生思想政治教育的运行机制

①实施方案高屋建瓴

教育理念与教育模式的更新为中华优秀家风融入大学生思想政治教育提供前提，理论挖掘和实践探索的深入为中华优秀家风融入大学生思想政治教育提供强大动力。

在高校中，党委统一领导中华优秀家风融入大学生思想政治教育工作，制订总体规划，全面部署安排融入工作。课堂教学是家风融入思想政治教育的主渠道，高校思想政治理论课教师和高校专业课教师都应在课堂教学中适时渗透家风思想，党团组织、政工人员、行政人员、学生组织等等通力合作、各司其职，积极做好大学生思想政治教育工作。

---

[1] 聂波，陈兴丽，魏胜. 大学生思想政治教育资源本质探析[J]. 思想理论教育导刊，2010（11）：93-96.

高校应建立思想政治理论课教学与实践教学的协同，为大学生实践活动提供活动场所、必要的设备、充足的图书和文献资源，等等。

②组织管理高超有力

高校中涉及大学生思想政治教育工作的部门包括：组织部、党委团委、学生工作部门、教务管理部门、后勤管理部门、人事处、校园保卫部门等等，需要一个协调机制，一起为大学生的思想政治的教育做好本职工作，建立高校齐抓共管机制，完善"三育人"机制——教书育人、管理育人、服务育人。

整合课堂教学与课程实践运行机制。注重课堂教学与课程实践的内容与效果的同频性。在融入工作中，只有实现各种大学生思想政治教育资源与能量的互相渗透、彼此促进，才能最大限度地发挥优势功能。

③评价反馈高效务实

为了更好地了解并掌控中华优秀家风融入大学生思想政治教育的实际效果，可以建立融入的评价反馈机制，对融入的途径、方式和方法进行公正的评价，进行客观的反馈，以改进融入工作。为保证评价反馈的客观公正性，要不断丰富评价内容，不断拓展评价范围，评价的主体要避免单一化，应该走多元化之路。

由于家风融入思想政治教育的效果并不是一蹴而就、立竿见影的，效果往往是一个由量变到质变的过程，外部表征会体现为效果明显的滞后性和多样性，因而我们要树立"大评估"思路，对融入效果的评价不能单单注重现状而忽视学生发展能力和发展趋向，尤其是不能仅凭一次评价活动就对融入效果下结论，而应该遵循定性与定量分析相结合的评价原则，过程评价采取动态与静态相结合、内容与形式相结合的方式。中华优秀家风融入大学生思想政治教育的计划、管理、组织、评价、反馈齐头并进，保证运行机制的顺畅。

综上，中华优秀家风融入大学生思想政治教育的运行机制离不开三个"高"：实施方案的高屋建瓴、组织管理的高超有力、评价反馈的高效务实，三者亦是运行机制"高度"的展现。

（2）加强中华优秀家风融入大学生思想政治教育的保障机制

大学生思想政治教育工作正在不断获得推进，机制建设可以夯实中华优秀家风融入大学生思想政治教育的实践工作，这也是有效提升大学生思想政治教育科学化水平的坚实保障。

①政策保障有高度

将中华优秀家风融入大学生思想政治教育工作中去，需要建立起适应需要的领导、组织和管理机制，从而保障家风融入思政工作顺利开展。

党和国家方针的指引和指示是中华优秀家风融入大学生思想政治教育的机制、制度保障，党中央始终对大学生思想政治教育工作高度重视。为大力弘扬传统文化，鼓励中国传统文化融入大学生思想政治教育，党和国家、思想文化宣传部门和教育行政部门出台了相应的政策举措。党和国家的重视和支持，对中华优秀家风融入大学生思想政治教育的开展提供了最重要的保障，创造了难得的机会和条件。

②制度保障有力度

在健全制度的基础之上，管理过程系统要呈现出科学化、规范化的样态，这是保证家风融入思想政治教育正常运行的制度保障。完善家风融入大学生思想政治教育的管理制度，建立健全规章制度，既包括对原有的制度不合时宜之处进行修改，还包括结合新形势制订新规章，各项规章制度包括岗位责任制度、信息流动制度、工作考核制度、评估反馈制度等等。

要将家风融入大学生思想政治教育的理念渗透到管理的各个环节之中去，将融入工作所倡导的目标、理念和原则融入具体管理工作之中去。

③经费保障有效度

中华优秀家风融入大学生思想政治教育需要有必要的物质准备，如开展中华优秀家风融入大学生思想政治教育科学研究、家风示范基地建设、家风文化活动的开展、家风精品课程的打造，均须经费支撑与保障。只有充实大学生思想政治教育的物质经费投入，才能保障家风融入大学生思想政治教育的畅通。

政策保障有高度、制度保障有力度、经费保障有效度，以上"三度"共同构成了中华优秀家风融入大学生思想政治教育的保障机制。

总之，建立和完善中华优秀家风融入大学生思想政治教育的运行和保障机制十分必要，两大机制缺一不可，担当着"顶层设计"的职能，直接影响着家风融入工作的效果。我们只有不断创新家风融入大学生思想政治教育机制，不断整合、优化大学生思想政治教育系统的内部与外部各要素，建立协同机制，才能确保中华优秀家风融入大学生思想政治教育的工作不断获得推进，确保融入的水平不断获得提升。

三、中国传统节日文化与大学生思想政治教育的融合

（一）中国传统节日的文化内涵

传统节日是民族文化的展示，具有民族性、文化性和传承性的特征。随着道德观念、民族情感、家国情怀的融入，在中国传统节日的基础上形成了集中体现民族特色和民族文化，蕴含丰富历史价值、精神价值、文化价值以及道德价值的中国传统节日文化。挖掘中国传统节日的文化内涵，对于传承中华优秀传统文化、增强民族凝聚力、提升民族认同感等，具有重要的社会价值和时代意义。中国传统节日的文化内涵主要体现在以下三个方面。

1. 从人与自然的关系角度，追求天人合一

中国是农业文明古国，自古就有"国之大事在农"的观念。老子曾说过："人法地，地法天，天法道，道法自然。"[①] 在长期的农耕生活中，人们认识到，只有掌握自然规律，按照节气的变化和天地运行的节奏合理安排农业生产，才得以生存。中国传统节日就是在天人合一的主导观念中氤氲化育而成的，这些蕴含敬畏自然、遵循人与自然和谐共生的理念，通过制订符合节气规律性变化的农业生产方式，体现于中国的传统节日当中。

2. 从社会历史文化的角度，强调弘扬中华传统美德

中国传统节日蕴含厚重的爱国情怀和道德伦理，表现出爱国崇德、尊老爱幼的特质。中华民族历来崇尚浩然正气、精忠报国的民族气节，如端午节是为纪念精忠报国的爱国诗人屈原而设立的，这是通过节日文化传承爱国忧民政治情怀的一种表现。尊老爱幼是中华民族的传统美德，中国传统节日中的春节、清明节、重阳节等，就是通过追怀先人的形式，体现敬祖尽孝的文化意义。

---

① 倪策平.老子由"道"生到"和"的境界[J].南京林业大学学报（人文社会科学版），2017（2）：67-74.

3. 从个体生命文化的角度，体现乐观向上的人生观

中华民族是乐观向上的民族，在长期的生存和奋斗中，中华民族逐渐生成一种乐观向上的人生观，"乐天知命故不忧"正是这种心理的表征。传统节日中，春节家人团聚守岁、吃年夜饭，元宵节观灯、吃汤圆，中秋节赏月饮酒、吃月饼等的习俗，都体现了中国人民悠闲自在的生活方式和对生活的热爱之情。中国传统节日正是以这种轻松愉快的方式，在人们生活和培养乐观向上的人生观中扮演了重要的角色。

（二）中国传统节日文化融入思想政治教育的必要性

1. 思想政治教育发展的内在要求

在中国，思想政治教育作为一门极具实践意义的学科，主要是为了人的发展与国家发展相契合而所需的一种方式。要实现人自由而全面发展，必须将文化素质教育提到首要位置，可见，思想政治教育不能脱离文化而发展。将传统节日文化融入思想政治教育中，既弱化了原本的灌输性教育，又充盈了思想政治教育的内容，将一些深奥、高深、需要极强政治高度的问题变得容易理解和接受。对思想政治教育文化性的轻视，使"本可生动活泼的思想政治教育读物有时成为政策、文件、语录的简单汇编与转述，本可情趣盎然、文采飞扬的思想政治教育有时成为枯燥空洞的政治说教与道德说教"[1]。这一问题，会诱发思想政治教育的"软骨病"导致高校思想政治教育无法走得更加长远。而传统节日文化的引入，恰如一剂良药，找到了思想政治教育的根本症结，对症下药，以"文化育人"，发挥传统节日文化天然具备的思想政治教育因素，利人利己，实现二者共赢。因此，思想政治教育与传统节日文化的相互融合是时代对两者发展提出的新要求、新方向。

2. 文化阶段性转化的必需条件

"一个民族的文化能否实现自觉和自信，很大程度上取决于对传统文化扬弃的客观与科学态度。"[2] 节日文化从发源到成熟，经历了多重理性批判、合理继承、

---

[1] 沈壮海. 关注思想政治教育的文化性 [J]. 思想理论教育, 2008, (02): 4-6.
[2] 孙燕青. 文化自觉与文化自信视野下的传统文化定位 [J]. 哲学动态, 2012 (08): 19.

推陈出新的过程之后,正好与"文化自觉"的本质要求不谋而合。传统节日文化将以往的原始崇拜、原始信仰逐渐淡化,以更加科学、理性的方式进行节日的庆祝,也更加符合当代人的生活方式。一个民族能否对自身文化进行客观地认识,并且能够理性地进行一个去粗取精的过程,关系着这个民族"文化自觉"的实现程度。只有将中国传统节日文化真正做到内化于心,外化于行,中国民族才能真真切切地了解自己民族背后的历史,才能感知中华民族的起源,才能将祖国建设、民族复兴、国家富强的使命真正地熔铸在自己的血液当中。

3. 发挥文化软实力的必要保障

文化软实力是指一个民族、国家或地区的文化影响力、凝聚力和感召力,是国家软实力的核心因素。原因在于,文化作为一种抽象的精神支撑,是一个国家的精魂所在,是这个国家和民族对现存世界的理解,是整个民族核心价值观的整体代表。文化软实力是一种精神文化凝聚力的表现,它对于民族精神的滋养和升华,对于民族凝聚力的加固和加深,对于民族性格的养成和培育都起到了积极的促进作用,既有利于国家的统一、民族之间的团结,又有利于对文化自信的践行。传统节日文化与思想政治教育内容相符合,我国思想政治教育本身自带的文化和民族属性要求它必须依赖传统文化存在和发展。反之,传统节日文化要想重现辉煌,就必须通过思想政治教育这一学科加以引导和实现,二者的结合是中国文化软实力得以发挥的必要保障。

4. 创新高校思想政治教育路径的必然选择

在整个多极化背景下,伴随着经济往来密切的便是文化的交流,文化并存现象愈发明显。中国青年一代的头脑和肢体语言相较以前而言都产生了剧烈的变化,将传统节日文化与思想政治教育相融合,是应对以上问题的对策之一,也为思想政治教育谋求新出路、注入新内容做出一定探索。

一方面,思政课堂是思想政治教育输出的首要场所,在进行方式创新的基础上,要注重方式方法与教学内容之间的关联性,而传统节日文化和传统文化正好能够起到"润滑剂"的作用,使思想政治教育呈现效果大幅度提升,隐性教育的效果愈发明显。另一方面,随着社会的进步与互联软件大肆兴起,以课堂作为主要输出渠道的途径已日渐被一些新型线上上课软件所影响。线上软件具备方便、快捷、娱乐性强、方式多样化等特点，能够实现"课停学不停"的教育效果，知识点可重复观看，线上互动性更强，学习更加高效化。借助网络平台，可以实现思政教育线上线下模式的交互性。以思政课堂为主，线上交流、互动为辅，在夯实基础理论的前提下，加以拓展，以线上模式弥补线下课堂的缺陷，从而迎合学生的兴趣，多方面营造教育氛围，是实现思政教育的创新。

（三）中国传统节日文化与大学生思想政治教育的融合策略

1. 提炼育人元素，改进教育方式

《关于实施中华优秀传统文化传承发展工程的意见》指出："将中国传统文化纳入思想道德教育等各个方面，贯穿于启蒙教育、职业教育、高等教育等领域。"[1] 高校应充分发挥课堂、校园、实践基地作为育人阵地的作用，丰富教育内容、改进教育方式，增强思想政治教育的内生动力。

一方面，挖掘传统节日文化的育人要素，丰富教育内容。传统节日文化有着多种形式的思政教育元素，蕴含着丰富的育人资源，思想政治教育存在契合性。将传统节日的发展历程、节庆活动、文化内涵等融入思政课相关专题的教学，特别是价值观教育、爱国主义教育和道德教育，能够让青年学生更深层次地理解传统节日文化的丰富内涵。同时，提升传统节日文化的渗透力，还需将育人元素融入其他学科的教学，通过跨学科教育发挥育人合力。

另一方面，采用隐性教育方式，实现潜移默化的教育。思想政治教育需要显性教育和隐性教育相结合，传统节日文化的传承，更需要通过渗透、熏陶和浸润等方式实现价值引领和人格塑造的目的。"00后"青年学生的自主性高，往往对灌输性和强制性的教育方式表现出抵制态度，而对灵活的浸润式的教育则具有较高的认可度。这就需要高校将传统节日文化的人文情怀和文化底蕴通过校风学风、校园文化环境、校园建筑等加以体现，通过润物无声的形式有效推动传统文化的传承，从而更好地发挥传统节日文化的感染和教化作用。

---

[1] 中共中央办公厅，国务院办公厅.关于实施中华优秀传统文化传承发展工程的意见［N］.人民日报，2017-01-26（6）.

2. 提高教师传统文化素养

思想政治教育通过理论教化和社会实践等活动，增进受教育者的价值认同，满足其个体全面发展需求，进而实现维护社会稳定、促进社会发展的目的。思政课教师是承担思想政治教育的中坚力量，在青年学生价值观形成、道德品行养成等方面起着关键作用。只有根植我国国情、历史和文化的教育，才能真正实现"为党育人、为国育才"。以传统节日文化滋养师德，提高教师队伍文化素养，是立德树人的必然要求。

一方面，传统节日文化为师德修养提供了思想资源。传统节日是中华文化内涵的表现载体，包含着中华民族的精神追求，在传统节日中彰显的节日文化，是人与自然、人与人之间和谐相处的表达。仁爱、诚信、正义等传统美德蕴含于节庆活动中，为提升教师的师德和文化修养提供了丰富的思想资源。《高等学校教师职业道德规范》要求，教师要关爱学生，尊重学生人格。传统节日文化中崇尚仁爱，强调的是宽仁慈爱，教师在师德修养中能够注重对学生的尊重、关爱，往往会得到学生的信任和推崇。

另一方面，多渠道提高教师传统文化素养。传统节日文化融入高校思想政治教育，离不开具有深厚传统文化素养的教师队伍。教师层面，思政课教师应全面系统地学习传统文化，并从中探寻与思政课教学的契合点，努力提升自身的传统文化素养。高校层面，一是要通过组织思政课教师参加学术交流、文化研讨会、专题培训等形式，加强传统节日文化的教育；二是要设立传统文化相关专题的课题研究项目，推进教研科研一体化，提升教师的教学能力；三是要坚持"走出去，引进来"的原则，邀请一些非物质文化遗产传承人进校园，利用专题讲座、文化沙龙等形式参与校园文化建设。

3. 开辟网络教育阵地，拓展融入渠道

网络已经成为人们生活中的必需品，对人们的行为方式和思维方式产生深刻影响。自媒体以其平民化、多样化、易传播等特点，在"人人皆是传播者"的时代，深得青年学生的青睐。将节日文化中蕴含思想政治教育元素，通过多渠道向青年学生传播，特别是充分发挥自媒体的传播优势，通过网络媒体平台，拓展节日文化传播与融入的渠道，有助于民族文化的传播。

一方面要创新传统节日文化的传播方式。当前，传统的课堂教育已难以满足当代青年学生对学习方式的需求，他们更倾向于通过微信、微博、QQ、抖音短视频等传播平台获取教育的信息和内容。高校要利用互联网技术，充分发挥自媒体的优势，注重将传统节日文化的传播方式与当下青年学生文化消费习惯相契合。各高校可通过构建推广传统节日文化的手机APP、学校官方微博、学校微信公众号、易班优课等网络平台方式，将传统节日文化以图片、音频、视频、动画等形式，实现多元化呈现，促进传统节日文化的传承、分享、交流，进而提升传统节日文化的影响力和传播力。

另一方面要丰富传播内容。利用网络平台传播传统节日文化，不能简单复制内容，而是应根据时代发展的需求和社会主义核心价值观的要求，对传播的内容进行创造性转化和创新性发展。将传统节日文化融入高校思想政治教育，只有结合社会发展的现状，探索和创新传统节日文化的价值，运用现代思维诠释，丰富创新传播内容，才能得到青年学生的广泛认同和接受。高校应以传统节日为契机，加强内容的规划与创意，通过形象化展示、时代化解读来讲好节日故事，以弘扬传统节日文化。

参考文献

[1] 莫幼政，李万青. 中华优秀民俗文化嵌入高校思政教育路径探析 [J]. 边疆经济与文化，2022（09）：108-111.

[2] 尚洁. 中华优秀传统文化与高校思想政治教育融合探析 [J]. 黑龙江教育（理论与实践），2022（08）：16-19.

[3] 殷艳. 优秀传统文化在高校思想政治教育中的应用研究 [J]. 经济师，2022（08）：190-191.

[4] 丁燕，王志芳. 中华优秀传统文化融入高校思想政治教育的路径探究 [J]. 齐鲁师范学院学报，2022，37（04）：17-23，55.

[5] 王自华，翟广莹. 中华优秀传统文化视域下高校思政发展创新模式探究 [J]. 内蒙古电大学刊，2022（04）：36-42.

[6] 宋小莉. 基于文化性视野的思想政治教育与中华优秀传统文化的融合 [J]. 江西电力职业技术学院学报，2022，35（06）：96-97.

[7] 徐鹏. 文化自觉视域下高校思想政治教育问题研究 [D]. 太原：中北大学，2022.

[8] 肖鹏，韩雪峰，赵玉英. 习近平新时代传统文化观融入高校思想政治教育的路径探究 [J]. 哈尔滨市委党校学报，2022（03）：23-27.

[9] 刘彤. 中华优秀传统文化融入高校人才培养对策研究 [D]. 西安：西安理工大学，2021.

[10] 何光英. 中国优秀传统文化在高校思想政治教育中的价值及融合路径 [J]. 四川警察学院学报，2021，33（03）：107-113.

[11] 刘琳琳. 高校思想政治教育中中华优秀传统文化的价值与实现路径 [J]. 智库时代，2019（47）：58-59.

[12] 孙刚. 中华优秀传统文化融入高校思想政治教育初探 [J]. 文化创新比较研究，2019，3（33）：41-42.

[13] 周岚峰. 中国优秀传统文化在高校思想政治教育中的作用研究 [J]. 锦州医科大学学报（社会科学版），2019，17（05）：102-105.

[14] 王超. 传统文化在高校思想政治教育中的渗透策略探析 [J]. 常州信息职业技

术学院学报，2019，18（05）：55-57.

[15] 李明珠. 近十年高校思想政治教育与中华优秀传统文化结合的缘由综述 [J]. 山西青年职业学院学报，2018，31（03）：70-73.

[16] 张华春，季璟. 新时代文化自信视阈下优秀传统文化与高校思想政治教育融合路径研究 [J]. 华北电力大学学报（社会科学版），2018（03）：120-125.

[17] 胡凌霞，包雅玮. 传统文化融入高校思想政治教育教学路径研究 [J]. 安徽文学（下半月），2017（12）：118-121.

[18] 刘琼华. 中华优秀传统文化融入高校思想政治理论课的研究与实践 [J]. 黑龙江教育学院学报，2017，36（12）：45-48.

[19] 刘宏宇. 传统文化融入高校思想政治教育路径分析 [J]. 高教学刊，2017（23）：183-185.

[20] 邢华平. 中华优秀传统文化融入中医院校思想政治教育探析 [J]. 医学教育研究与实践，2017，25（06）：865-867，901.

[21] 杨丽艳，王珏. 中华优秀传统文化与高校思想政治理论课的融合研究 [J]. 湖北函授大学学报，2017，30（22）：46-49.

[22] 渠彦超. 中华优秀传统文化融入高校思想政治理论课教学的理性审视 [J]. 山西高等学校社会科学学报，2017，29（11）：65-69，81.

[23] 刘静洋. 中华优秀传统文化融入高校思想政治教育的路径 [J]. 沈阳大学学报（社会科学版），2017，19（05）：609-613.

[24] 赵琳琳. 中国传统文化在高校思政教育中的价值与方法创新 [J]. 大庆社会科学，2017（05）：60-62.

[25] 钟玲会. 基于传统文化分析高校思想政治教育的构建途径 [J]. 佳木斯职业学院学报，2017（10）：136-137.

[26] 周艳红. 关于中华优秀传统文化融入高校思想政治教育的思考 [J]. 西部素质教育，2017，3（19）：19-20.

[27] 张同新. 优秀传统文化融入高校思想政治教育的价值及途径 [J]. 吕梁教育学院学报，2017，34（03）：6-7.

[28] 田颂文. 传统文化与高校思想政治教育融合发展的价值审视 [M]. 北京：北京工业大学出版社，2020.

[29] 齐艳. 中国传统文化与高校思想政治教育的融合性研究 [M]. 北京：中国广播影视出版社，2019.

[30] 史良. 传统文化与高校思想政治教育融合发展的价值研究 [M]. 石家庄：河北人民出版社，2019.